MANUAL PARA LA SEGURIDAD COMERCIAL

BASICO

Rafael Darío Sosa González

MANUAL PARA LA SEGURIDAD COMERCIAL

BASICO

Rafael Darío Sosa González

Hecho el depósito que marca la ley 11.723
1a. Edición Junio de 2006

Editorial SECURITY BOOKS, S.A.S. Bogotá - Colombia

FOTOCOPIAR ES DELITO

Ninguna parte de esta publicación, incluido el diseño de la cubierta o tapa, puede ser reproducida, traducida, almacenada, transmitida o utilizada en manera alguna ni por ningún medio, ya sea eléctrico, químico, mecánico, óptico, de grabación, electro gráfico o a inventarse, sin el previo consentimiento por escrito Seguridad y [illegible] propietaria del copyright.

La violación de este derecho hará pasible a los infractores de las penas previstas en la legislación vigente, tanto penal como comercialmente.

ADVERTENCIA: Al adquirir o leer esta obra, el lector reconoce que es una guía general, en la cual el autor no le indica cómo hacer las cosas, sino que en el caso de tener que formular un plan de organización y administración, le sugieren qué elementos deben ser contemplados.

Por lo tanto, ni el autor, ni la editorial se hacen responsables directa, ni indirectamente de los daños y perjuicios civiles ni criminales, que pudieran causarse, debido a las conclusiones a las que arribe cada lector al evaluar el contenido de este manual y su aplicación a un caso concreto.

ESPECIALIZACIóN EN SEGURIDAD COMERCIAL
TABLA DE CONTENIDO

ESPECIALIZACIóN EN SEGURIDAD COMERCIAL

INTRODUCCIóN

En este manual podrán encontrar explicaciones que solo serán aclaradas mediante la prestación del servicio de seguridad comercial, que hace que todo profesional en seguridad, identifique cada faltante de acuerdo a la vivencia propia, encontraran temas como protección a instalaciones comerciales, las cuales requieren de un cuidado específico y prudencial, también es importante profundizar en el sistema de rondas, control de paquetes, basuras, y reconocer que la mayor parte de las equivocaciones en la seguridad comercial es proveniente de la falta de reconocimiento propio de la labor que cada uno realiza,.

La seguridad comercial no es solo cuidar unas instalaciones, una bodega o un parqueadero, es reconocer cada punto critico, determinar la vulnerabilidad y evitar el daño que generan los delincuentes.

Cabe aclarar que cada puesto necesita de un manejo propio del sitio donde se realiza el sistema de seguridad. Este manual no es en su totalidad un conjunto de experiencias reducido, simplemente es una forma explicada de realizar unas funciones establecidas.

Definición de la Seguridad y Prevención de Pérdidas

Una revisión a la literatura que defina la seguridad y la prevención de pérdidas revela que existe una mezcla de conceptos. Cada definición refleja la amplitud de este cambio y la subjetividad formación de quien define. Resulta difícil construir una definición concisa que lo incluya todo y que sea de común acuerdo.

El diccionario Webster´s New Collegiate define la seguridad como "la cualidad o estado de estar seguro... libertad del peligro. Lo seguro... libertad de o libre de temor o ansiedad... protección... medidas tomadas para proteger en contra del espionaje, el sabotaje, el crimen, el ataque, el escape... una organización o departamento cuya labor es la seguridad".

Green autor de Introducción a la Seguridad señala que "La seguridad es un sentido semántico y filosófico implica un ambiente relativamente estable y predecible en el cual un individuo o grupo puede desarrollar sus objetivos sin interferencia o daño o sin miedo a disturbios pérdidas".

En Administración de la seguridad : una introducción, Post & Kigngsbury define la seguridad como "los medios activos y pasivos, que sirven para proteger y preservar un medio que permite desarrollar actividades en una organización o sociedad sin interferencias".

Otra razón para el creciente cambio en la terminología de "seguridad" hacia "prevención de pérdidas" tiene que ver con las connotaciones negativas de la seguridad Saúl Astor una autoridad muy conocida en este campo señala:

"En las mentes de muchos, la mera palabra "seguridad" se convierte en su propio impedimento. La seguridad conlleva un estigma; la mera palabra sugiere policía, alarmas, ladrones, rateros y muchos elementos negativos que representan imágenes repelentes... simplemente enunciar el termino "prevención de pérdidas" en vez de la palabra "seguridad" puede ser un paso gigante en favor del mejoramiento de la imagen de seguridad, ampliando el aspecto de la función de la seguridad, y atrayendo personal capaz".

Post & Kigngsbury adicionan lo siguiente:

"... el termino seguridad es rápidamente substituido en el medio corporativo por terminología tales como prevención de pérdidas, protección de medios o pérdida de control total. La confianza en un subsistema gerencial orientado a la defensiva y descrito de manera negativa esta siendo sustituido por un "sistema conceptual" que abraza todos los aspectos de la actividad corporativa. Los subsistemas totalmente integrados de protección incluyen ahora a la "seguridad" en vez de verlo como un sistema operacional separado y distinto".

ASPECTO SUBJETIVO DE LA PALABRA SEGURIDAD

Irrel interno no tangible no se puede ver
Seguridad estado Mental o Psicológico Normal.
-Si tiene confianza, tranquilidad, paz, consiente o inconsciente
-No se tiene temor, miedo o pánico.
Inseguridad Sicológica Estado Mental o Anormal.
-Si tiene miedo, pánico, miedo, desconfianza, psicosis.
-No existen peligros pero cree que los hay. Consciente o inconsciente.

Conjunto, medidas y acciones para minimizar riesgo para amparar o proteger persona en su integridad moral, física o patrimonio. O sea estar a salvo de cualquier riesgo.

Vigilancia.- Es el conjunto de actividades desarrolladas por el hombre tendientes a conseguir y preservar la seguridad de personas, instalaciones y cosas, mediante la disposición de vigilantes, animales adiestrados o medios electrónicos. La vigilancia es una parte constitutiva de la seguridad que es el fin último.

Los principios de la vigilancia son:

a. Prevención
b. Disuasión
c. Acción
d. Resultados

Prevención:

Significa prepararse con anticipación para evitar que algo suceda. Es la base de la Seguridad Privada. Prevención y Seguridad Privada son sinónimos, casi significan lo mismo. Es mejor estar preparado para algo que tal vez no suceda, a que suceda algo para lo cual no estemos preparados.

.Disuasión:

Es convencer a otro de que no ejecute un determinado acto. La disuasión es el propósito fundamental de todo servicio de seguridad y vigilancia. Disuadir significa crear en el agresor un sentimiento de impotencia para que busque otro blanco menos protegido.

.Acción:

Es la fase donde el vigilante pone en practica sus conocimientos y habilidades. La acción comprende actividades más especificas; inclusive el uso de las armas si la amenaza o el peligro lo ameritan.

.Resultados:

Toda acción inteligente realizada debe conducir al resultado buscado. En vigilancia y seguridad, como en muchas actividades de la vida, sólo cuentan los resultados, no simplemente las buenas intenciones.
Elementos fundamentales para que exista Seguridad Vigilancia Protección.

Técnicas de Seguridad: Prevención, Disuasión, Vigilancia, Protección, Control, Simulación, Inteligencia y Contrainteligencia, Investigación.

Diferencias :

- **La vigilancia es un medio para conseguir la seguridad ; mientras que la seguridad es el fin último para obtener las condiciones de convivencia pacífica.**

- **La vigilancia está representada por las personas y algunos medios electrónicos como cámaras fotográficas, circuitos cerrados de televisión, rayos infrarrojos etc.**

- **La seguridad es el resultado de una buena vigilancia y hace relación a las políticas, normas de conducta, disposiciones etc.**

CONCEPTOS TECNICOS

Es necesario y reviste de total importancia que se conozcan y manejen términos técnicos de seguridad, este vocabulario no va hacer que Ud. Sea mejor en el desarrollo de sus actividades, pero va ha dar una imagen profesional.

SEGURIDAD:

Es la aplicación de normas y disciplina de la prevención.

PREVENCIóN:

Acción que se toma anticipadamente para contrarresta un riesgo.

RIESGO:

Todo suceso, hecho, acción o proximidad voluntaria o involuntaria a una situación de peligro.

AMENAZA:

Es un posible peligro, es un suceso o hecho que pone en peligro la integridad personal o las instalaciones.

PELIGRO:

Contingencia de que algo que va a perjudicarnos puede suceder.

VULNERABILIDAD:

Debilidades, deficiencias que tenemos o que se pueden presentar.

INDICIO:

Es un hecho o prueba que indica que lago esta sucediendo o ocurriendo.

PROBABILIDAD:

Es cuando un hecho se ha presentado con anterioridad y se puede probar que puede
volver a ocurrir.

POSIBILIDAD:

Es un hecho que puede suceder, no hay pruebas y tampoco se ha presentado con anterioridad.

PROTECCION:

Medidas activas que se adoptan para evitar ser lesionado, riesgos, amenazas y peligros.

ENCUBRIIENTO:

Medidas pasivas para esconder su integridad física.

MODUS OPERANDI:

Modo en que se opera o se lleva a cabo un delito.

FUENTES:

Es lo que genera el riesgo, amenaza o peligro.

ACCIDENTES:

Hecho o suceso no deseado, que de ocurrir causa daños y lesiones.

INCIDENTES:

Hecho no deseado, que de ocurrir *NO causa daños y lesiones.

LESION:

Daño o detrimento corporal causado por objetos, actividad, exposición o persona.

FACTORES :

Las diferentes formas en que se puede presentar el riesgo, amenaza o peligro.

DESCUIDO:

Negligencia, olvido falta de atención.

TEORIA DEL RIESGO

DEFINICION :

El riesgo es la proximidad o exposición voluntaria o involuntaria al peligro.

CLASES DE RIESGOS:

INOCENTE:

Es cuando no se calcula, no se tiene en cuenta el peligro al que estamos expuestos, teniendo en cuenta que cualquier actividad por mínima que sea tiene riesgo.

CALCULADO:

Es cuando al efectuar una actividad sabemos a ciencia cierta los peligros a que estamos expuestos, aceptamos el reto esperando actuar con profesionalismo y con los medios disponibles para prevenir o superar el peligro.

FUENTES DE RIESGO

Es lo que origina el riesgo y se tienen tres fuentes en la seguridad Privada, vale aclarar que para la seguridad industrial existen otros tipos de fuentes de Riesgos Profesionales.

HUMANO :

El hombre como tal es la mayor fuente de riesgo del mismo hombre, donde el inicio del hombre es la tierra, se ha buscado la Protección él mismo para él mismo y contra otras. Con este concepto, se puede determinar que no solo existe el riesgo de otros, si no de nosotros mismos en el desarrollo de nuestras actividades, por ello están importante nuestra actitud y nuestras aptitudes para cumplir con la labor encomendada. El hombre por su naturaleza misma, desde su creación es débil ante propuestas ilegales y tentadoras, ante esto debemos tener esa convicción férrea de nuestros principios morales, pero también se determina que el hombre es débil ante el cansancio, la pereza, la enfermedad, por ello debemos estar preparados física y mentalmente. El otro lado del riesgo humano, es la delincuencia, que con sus diferentes modalidades y tipos, buscan el mal de otros, sin importar los medios utilizados y los daños que puedan causar.

TECNICO :

Son todos aquellos medios técnicos que le dan al G.S. para complementar el cumplimiento de sus funciones, armas, comunicaciones, documentación, informática, vehículos, sistemas electrónicos, que de no saber emplear no cumplen con su objetividad y que de no hacerse u n mantenimiento adecuado, en cualquier momento pasan de ser una fortaleza a una debilidad, que no pone en riesgo la seguridad del puesto. La tecnología ha llegado para apoyar la actividad de vigilancia y no para desplazarlo, se utiliza como un complemento de la seguridad, pero la delincuencia no se ha quedado atrás, empleando para ello una tecnología mas avanzada o buscando el medio para quebrantar los dispositivos que se han colocado, efectúan Monitoreo de comunicaciones, seguimiento, vigilancia electrónica, armamento sofisticado, explosivos, etc.

SEGURIDAD DEL PERSONAL

Dé instrucciones breves a sus empleados para que reporten incidentes o eventos sospechosos.

Fije en el cuarto de los chóferes o en cualquier otra área pública, un letrero que enseñe el Nivel de Amenaza Nacional.

Cuando el nivel de amenaza aumente de un nivel a otro, convoque una junta breve y repase los planes de seguridad y consejos con los empleados.

Asegúrese de que todos sus empleados que tengan contacto o transporten materiales peligrosos, tengan en caso de emergencia, los instrumentos adecuados de comunicación. Pruebe el funcionamiento de estos instrumentos.

Si usted tiene un equipo de personas que se encarga de este tipo de crisis, verifique la información que usted tiene para poder ponerse en contacto con ellos las 24 horas del día, siete días a la semana y póngalos en una lista de "alerta inmediata".

Asegúrese de que todos los empleados tengas las identificaciones apropiadas y estén actualizadas.

Asegúrese de que el personal de la compañía esté al tanto de las noticias y otros medios informativos que informen sobre los acontecimientos y cambios en las condiciones, y respondan según sea apropiado.

SEGURIDAD DE LAS INSTALACIONES

Coopere con los oficiales federales, estatales y locales que se encargan de hacer cumplir las leyes referentes a las revisiones y chequeos de seguridad.

Limite la disponibilidad de información relacionada a las instalaciones de su compañía y empleados y a los materiales que usted maneja.

Limite el acceso a una sola entrada o un solo portón. Si es posible, controle quien entra y sale de su compañía.

Pida a sus visitantes que enseñen identificación con fotografía y asigne a una persona para que los acompañe a cada momento.

Aumente el número de guardias de seguridad y aumente las horas de patrullaje de los guardias de seguridad o de los oficiales que hacen cumplir las leyes.
Reduzca la tolerancia interna de las "anomalías de seguridad", tales como vehículos retrasados o desaparecidos, el perímetro de las intromisiones a la planta, visitantes no confirmados, evidencia de allanamiento y cosas parecidas.

Si se necesita, instale sistemas de seguridad adicionales en las áreas donde se guardan materiales peligrosos.
No cargue con anticipación el embarque de materiales peligrosos.

Exíjale a los empleados que mientras estén en las instalaciones de la empresa, exhiban sus tarjetas de identificación o distintivos.
Conduzca revisiones de reconocimiento (en el acto) del personal y de los vehículos.
Pruebe sus sistemas de comunicación para responder en casos de emergencia.

Actualice los procedimientos de seguridad para entregas y envíos.

Verifique toda la documentación y ponga un horario para la entrega y envío de mercancías de los vendedores que usted conoce.

Exíjale a los chóferes que recogen las mercancías que le provean su nombre y el número del vehículo y confírmelos con el vendedor. Acepte entregas solamente en áreas designadas.

Confirme la legitimidad de los vendedores nuevos a través de las listas en los directorios telefónicos, publicaciones de la industria, páginas de Internet y/o en las listas de referencias.

Considere el uso de tecnología avanzada para rastrear o proteger la carga que va en camino a su destino (por ejemplo: sistemas de rastreo por satélite, sistemas contra robo para remolques y camiones y sistemas de vigilancia).

Los sistemas de localización global deberán de transmitir información actualizada
más frecuentemente.

Instale sellos en contra de allanamientos en todas las válvulas y paquetes o aberturas del contenedor.
Implemente un sistema para que los clientes alerten al expedidor si un cargamento de materiales peligrosos no es recibido cuando se es esperado.
Cuando los productos son enviados, revise la identidad del autotransportista con los documentos de envío provistos por el expedidor.
Conozca a sus clientes y sus programas de materiales peligrosos.

Si usted sospecha que le entregó o mandó materiales peligrosos a alguien que pueda intentar usarlos para una actividad criminal, notifique a la oficina local del FBI o a los oficiales locales encargados de hacer cumplir las leyes.
Que es un riesgo.- Es la aproximación voluntaria o inocente a una situación de peligro o a circunstancias que nos pueden acarrear algún daño. Cuando la exposición al peligro es voluntaria, esperando poderlo sortear sin sufrir daño, se dice que es un riesgo calculado. Por ejemplo viajar en avión, en lancha etc. Por el contrario el riesgo inocente es aquel a que están expuestos todos los ciudadanos, por ejemplo riesgo a enfermarse.
El nivel de riesgo para un personaje de cualquier clase o persona del común se podría medir por las fórmulas siguientes:

Grado de riesgo = Probabilidad + vulnerabilidad (personaje)
Grado de riesgo = Posibilidad + vulnerabilidad (persona corriente)

La amenaza.- Es sinónimo de peligro, de contingencia, de daño, que se puede causar o producir. Es omnipresente y cobija a todas las actividades de una persona o grupo. Es latente y tiene una connotación más general que el peligro que es mas directo e individualizado. Una actitud pasiva e indiferente abre el camino para que la amenaza se haga realidad. Tan solo una actitud activa permitirá encontrar y seleccionar los medios para neutralizarla. Tanto la amenaza como el riesgo no hay que asumirlos, sino minimizarlos, neutralizarlos o eliminarlos. La notoriedad es directamente proporcional a la amenaza, pues una persona adinerada o famosa, está mas expuesta a ser atracada, robada o secuestrada.

Vulnerabilidad.- Es la probabilidad de sufrir daño o ser perjudicado dependiendo de la actitud y actividades que frecuentemente desarrolle la persona. Un político, un cantante, o un artista son notorios, mientras que una persona del común no lo es, por lo tanto los primeros están expuestos a riesgos calculado, mientras que el último, lo estría a un riesgo inocente, por lo tanto para el político, el cantante y el artista, las amenazas son probables corriendo el riesgo de ser secuestrados, robados etc. y para el ciudadano del común solamente existiría una posibilidad remota.

Debilidad.- Es algo frágil, defectuoso, que no cumple con las especificaciones y que puede acarrear problemas. Cuando la debilidad es manifiesta, puede ser aprovechable, toma dirección y certeza, y se convierte en vulnerabilidad, por ejemplo no tener una adecuada malla de cerramiento.
Fortalezas.- Son las ventajas, los aspectos positivos al interior de la empresa que adecuadamente utilizadas sirven para minimizar o eliminar las debilidades, amenazas o riesgos, por ejemplo buena cantidad y calidad de los vigilantes

DETECCIóN Y REDUCCION DE RIESGOS Y AMENAZAS. -

La primera tarea del hombre de seguridad en su lugar de trabajo es conocer, ubicar y aislar las amenazas y riesgos que puedan existir, elaborando una lista detallada de los puntos que deben ser protegidos, determinando y evaluando los niveles de amenazas y riesgos que pueda tener cada uno.

Normas de prevención y reducción de riesgos y amenazas en el campo interno :

1. Control de puertas. Por estos sitios sale y entra todo el personal de empleados y visitantes, por lo tanto el mayor riesgo y amenaza de sustracción de elementos en las horas pico, es decir a la entrada y salida del personal a pie como en vehículos. El 80% de novedades se registra en estos sitios, por lo tanto es necesario intensificar los controles tanto con recursos humanos como electrónicos.
2. Control de acceso a vestiers, lockers y baños. Por ser sitios donde el personal se cambia de ropa, situación que generalmente es aprovechada para esconder objetos de menor volumen y tamaño, pero de gran valor. La requisa es en las puertas y las cámaras ocultas pueden ser efectivas en la reducción de riesgos.
3. Disminuir contactos entre empleados y no empleados.- Mediante un efectivo control de visitantes, constatando con la dependencia a visitar, la misión a cumplir, asignando un vigilante como compañía y orientación etc.
4. Control perimetral.- Manteniendo con llaves las puertas que no deben abrirse durante el día. Haciendo un buen monitoreo del circuito cerrado de televisión si lo hay, o de cualquier otro sistema de detección de intrusos en los límites de las instalaciones.
5. Control de llaves.- No permitir que personas no autorizadas las utilicen. Mantener dos listados, uno para las puertas y otro para las personas que las utilicen. Los listados deben tener el No de la llave, de la puerta y el nombre del responsable. Cambiar candados y cerraduras periódicamente. Se debe tener un llavero general y otro por departamento.

6. Investigación secreta o a cubierto.- Facilita descubrir al autor, como están ocurriendo los hechos, cuales eran los riesgos y amenazas, por que fallaron los controles etc.
7. Investigaciones de seguridad personal.- Para los trabajadores que aspiran a trabajar en la empresa, constatando la información suministrada por estos, averiguando antecedentes con los organismos de seguridad, verificando referencias personales, familiares y con los vecinos en el lugar donde vive.
8. Crear el convencimiento de que existen buenos controles.- Dejar saber a los trabajadores que existen controles efectivos y la firme decisión de denunciar a los autores de hechos dolosos sin importar la posición.

En el campo externo :

1. La disuasión.- Mediante barreras, obstáculos, candados, requisas esporádicas etc.
2. Disminución del número de puertas de entrada.- Porque se pueden reforzar las demás puertas con mayor cantidad de vigilantes en las horas consideradas críticas. Las puertas de emergencia solo se utilizan para salir cuando se produce la emergencia y no para entrar.
3. Asegurar puertas y ventanas desde el interior.- Pasadores y cerrojos sin seguro de nada sirven. Cualquier persona puede dejarlo libre al salir y regresar por la noche o el fin de semana y entrar sin dificultades.
4. Rotación de personal de seguridad.- Evita la rutina, la familiarización con trabajadores, proveedores, y por lo tanto a posibles los sobornos y otros problemas.
5. Probar periódicamente las alarmas .- Para verificar su funcionamiento, intentos de saboteo o de inutilizarlas con fines específicos. Acuda a un experto para que las revise y pruebe.
6. Verificar el estado de la iluminación exterior.- Los ladrones o intrusos buscan la oscuridad.
7. Colocación de alarmas en ventanas, cielo rasos, muros etc.- Escalar una pared de 5 metros será difícil pero no lanzar un objeto de un lado a otro. Los ladrones pueden permanecer escondidos al cerrar la fabrica y trabajar durante la noche o el fin de semana.

8. Identificación de empleados.- Debe ser efectivo y confiable. En las zonas costeras entre personas de la raza negra hay demasiados parecidos físicos, lo que se presta para que una persona pueda suplantar a otra sin ser notada por la seguridad. Sirve para detectar extraños y distinguir los empleados de las diferentes secciones.

9. Vigilancia especial sobre personal ajeno a la empresa.- Especialmente empleados de los servicios públicos cuando tienen que ingresar a cumplir sus labores, en ocasiones los dejan transitar libremente aún por zonas restringidas.

10. Prácticas periódicas de auditorías de seguridad.- Con el fin de detectar fallas que no han sido advertidas por el personal propio. Es necesario el concepto de otra persona ajena a la empresa con otros puntos de vista. Un recién llegado descubre mas fácilmente las debilidades que pueden terminar en vulnerabilidades.

INTRODUCCION A LA SEGURIDAD COMERCIAL

Amenazas en parqueaderos:

- Robo de vehículos: Mediante cambio de placas, uso de llaves maestras o duplicados, con fotocopia del tiquete de otro o falsificándolo.
- Robo de partes: De llantas, desinflándolas simulando un desvare. El distribuidor, "la panela" equipo de sonido, paquetes etc.
- Reclamos por pérdida de autopartes sustraídas en otros lugares.
- Colocación de artefactos explosivos o incendiarios para desacreditar un centro comercial, bien sea por parte de la competencia o de terroristas

Debilidades en parqueaderos :

- No poder ejercer un estricto control en los accesos por el tiempo que se requiere incomoda a los usuarios.
- El tamaño y capacidad de los parqueaderos de los centros comerciales.
- El permanente flujo vehicular dificulta un control efectivo
- Escasez de vigilantes para mejorar la cobertura

Acciones para disminuir las debilidades :

- Tecnificar el control en porterías
- Vigilancia sectorizada por CCTV
- Vigilancia sectorizada con personal
- Verificaciones de identificación selectivas conductor -vehículo- documentos
- Requisas selectivas esporádicas

Amenazas en puertas de acceso al público:

- Colocación de carrobombas
- Incidentes con limosneros, gamines, zorreros etc.
- Problemas con visitantes que extravían la boleta del parqueadero
- Agresiones contra los vigilantes por riñas, accidentes de tránsito etc. ocurridos en la calle

Debilidades en las puertas de acceso al público :

- Insuficiencia de personal para requisa de vehículos y verificación de paquetes
- Casetas inadecuadas
- Deficiencia de los medios de comunicación interna y externa
- Horarios de servicio prolongados que promueven la rutina
- Deficiente selección y capacitación del personal asignado.

Acciones para disminuir las debilidades :

- Comunicación directa con la policía para los apoyos en caso de incidentes
- Apoyo a la vigilancia en las horas pico
- Selección rigurosa del personal y entrenamiento permanente
- No permitir el parqueo o abandono de vehículos cerca a las porterías, en caso contrario solicitar a la policía el registro
- Relevos periódicos del personal encargado de las requisas.

Amenazas en puertas de acceso a vehículos de proveedores :

- Salida de mercancía y objetos robados en otros lugares
- Ingreso de pedidos incompletos

- Hurtos continuados en complicidad con empleados de bodega y conductores.

Debilidades :

- Dificultades para verificar las cantidades de mercancía que ingresa en los camiones de reparto.
- Escasez de vigilantes para el control de cada camión que ingresa
- Desconocimiento de los vigilantes de los procedimientos de recibos y despachos.

Acciones para disminuirlas :

- Aumento del número de vigilantes en las horas de recepción de mercancías.
- Verificaciones periódicas y selectivas de camiones con conductores sospechosos
- Solicitar el apoyo de un empleado de las bodegas para mejorar los controles y compartir responsabilidades.

Amenazas en servicios sanitarios :

- Actos contra la moral y las buenas costumbres
- Uso de alucinógenos
- Hurtos y atracos
- Colocación de explosivos
- Delitos contra la integridad personal
- Delitos contra el honor sexual
- Daños y sustracción de elementos

Debilidades en servicios sanitarios :

- La privacidad que requieren estas áreas dificulta un buen control
- La vigilancia por cualquier medio incomoda a los usuarios

Acciones :

- Control de accesos con vigilantes
- Control coordinado con el personal de aseo
- Requisas a sospechosos

- Instalar CCTV en sitios estratégicos permitidos

Amenazas en Bodegas y Depósitos :

- Grandes robos por concentración de mercancías, mediante atraco o ventosa
- Robo técnico con complicidad de empleados
- Probabilidades de incendio.
- Almacenamiento deficiente puede producir accidentes o deterioro de las mercancías

Debilidades :

- El aislamiento de las bodegas en algunos casos dificulta a la vigilancia que se entere de lo que allí sucede.
- El estacionamiento de grandes camiones facilita la acción de los delincuentes
- La complicidad de algunos bodegueros dificulta la acción de los vigilantes
- Los grandes volúmenes de carga dificulta las confrontaciones

Acciones :

- Ajustes periódicos a los procedimientos de control de acceso
- Mayor vigilancia a los sectores de estacionamiento
- Cumplir con las normas para el manejo de sustancias inflamables
- Revisar periódicamente los equipos para control de incendios.
- Compartir con empleados de bodega los controles a los vehículos de carga.

CONTROLES GENERALES PARA PREVENIR, DISMINUIR Y NEUTRALIZAR RIESGOS

1. En seguridad física :

- Monitoreo de los sistemas de detección de intrusos
- Mantener un estricto control de las llaves de todas las instalaciones
- Supervisar en forma permanente la barrera perimetral, puertas, muros, techos, ventanas etc.

- Ejercer un control estricto de parqueaderos
- Desarrollar un plan de detección de debilidades y vulnerabilidades
- Aplicar encuestas evaluativas entre clientes, empleados y el personal de seguridad

2. Control interior

- Sobre empleados y visitantes
- Monitorear y verificar el funcionamiento del sistemas de alarmas y CCTV
- Revisar sitios oscuros, lejanos, closet, baños y demás sitios poco frecuentados
- Colaborar con la seguridad industrial en el mantenimiento, supervisión y empleo de equipos
- Hacer ajustes cuando las necesidades lo requieran.

3. Control de empleados y obreros

- Desarrollar un sentido de honestidad a toda prueba
- Colaborar en la selección apropiada del personal
- Mantener buenas relaciones
- Revisar vehículos, paquetes y maletines
- Realizar investigaciones a cubierto
- Seleccionar y preparar informantes entre los empleados

4. Control de procedimientos :

- Recepción y entrega de mercancías
- Marcación de tarjetas, tiquetes, recibos y stickers
- Cambios de mercancías y devoluciones a proveedores
- En casos de delitos flagrantes.
- Colaboración con autoridades
- Remesas de dinero y consignaciones
- Cierre y apertura del establecimiento

GRANDES SUPERFICIES Y LUGARES DE CONCENTRACIóN DE M ASAS POR ESPECTÁCULOS PÚBLICOS:

Los Centros Comerciales, Grandes Almacenes, Hipermercados, etc., constituyen puntos de gran concentración y movimiento de público, exigiendo por ello al VS un conocimiento especial de las características y circunstancias de los servicios a prestar, y entre ellos podemos mencionar:

Presencia masiva de personas a horas determinadas.
Variedad en las Instalaciones, y mercancías en sus tamaños y precios.

Diversidad de Riesgos: Sustracciones, estafas, incendios, cortes de energía, amenazas de bombas, aglomeración de masas, etc., y a ello, se une la existencia de grandes cantidades de dinero en efectivo. Podemos decir, que en estas Superficies las incidencias de ilícitos penales se recogen en la totalidad de nuestro actual Código Penal.

Como siempre, y en todo Servicio de Seguridad la figura del VS en estoslugares es "preventiva" en evitación de esos ilícitos penales, en evitación de Riesgos, Peligros, Amenazas, etc., y "disuadir" con su presencia.

En muchos de estos Centros en el Sistema de Seguridad humano, se suelen emplear OJEADORES (de paisano), cuya misión es advertir al VS de los individuos que puedan haber perpetrado ilícitos penales, daños, gamberrismos, situaciones de peligro, etc. Estos OJEADORES nunca podrán serVS de paisano, ya que la LSP y el RSP exige a los VS para prestar sus funciones la uniformidad completa.

En estos Centros existen diferentes y específicas ZONAS, de las que destacamos:

ZONA DE CARGA Y DESCARGA DE MERCANCIAS: Reservadas a repartos y proveedores.

ZONA DE ALMACENES: A la que sólo pueden acceder empleados y personal a utorizado. **ZONAS DE SEGURIDAD:** De acceso muy restringido. Incluye Salas de Máquinas y Energía; Cajas Fuertes; Líneas de Cajas; Oficinas de Administración y de Dirección; Vestuarios de Empleados, etc.

ZONAS DE LIBRE ACCESO AL PÚBLICO: Zonas de tiendas, lavabos, aparcamientos, cafeterías, hall, escaleras y ascensores públicos, etc.

Una de las funciones principales en estos Centros del VS, es el "CONTROL DE ACCESO" de las personas y vehículos a las Zonas antes mencionadas. Llevar un buen control de acreditaciones, tarjetas de autorización, etc. , de acceso de personas (proveedores, empleados, clientes, visitadores, comerciales, etc.).

En estos Centros se suele trabajar en EQUIPOS, y estos deben de reunir una serie de condiciones y estar cualificados en:

Manejo de elementos del servicio, sistemas de comunicaciones, alarmas, detectores de control (tipos raquetas de metales, arcos detectores, etc.).

Evitar situaciones llamativas o escandalosas, la eficacia no debe de confundirse con la rudeza, en resumen ser discretos pero efectivos.

Un servicio que se realiza de forma profesional y cortés, será reconocido por el

Público y la Empresa contratante.

Como ya se ha mencionado las principales funciones del VS en estos Centros son:
Prevención de ilícitos penales; Evitar Riesgos; y D isuadir con su presencia

La actividad en estos Centros varía en el transcurso del día, siendo los momentos más importantes en el desarrollo de esta actividad, las siguientes:

- Antes y durante la llegada de Empleados.
- Apertura al Público y Proveedores.
- Salida del Personal y Cierre del Establecimiento.
- Establecimiento Cerrado de Noche.

Pasaremos a estudiar la Actividad a desarrollar, en cada uno de los puntos antes mencionados:

ANTES Y DURANTE LLEGADA DE EMPLEADOS:

Realizar Ronda General para inspeccionar las instalaciones a nuestro cargo (tiendas, cafeterías, almacenes, aseos, oficinas, etc.).

Pasar el sistema de Seguridad (alarma) de noche (robo) a día (atraco); abrir a los empleados e identificarlos por sus tarjetas de identidad-seguridad, para evitar intrusos.

Si la normativa del cliente lo incluye no dejar pasar bolsas, paquetes, maletas, mochilas, etc., a los empleados, se seguirán las instrucciones con firmeza pero de forma cortes y educada.

APERTURA AL PÚBLICO Y PROVEEDORES:

La vigilancia se realizara en las diversas Zonas que tengamos asignadas, siendo importante (prevención y disuasión) en los puntos a ccesos a las Tiendas. Debe de hacerse visible, ya que la sola presencia puede disuadir a muchos delincuentes potenciales o conocidos. Las puertas de acceso al público es el mejor punto de control y prevención.

Nunca se podrá acusar de sustracción a una persona hasta que ésta no tenga intenciones de abandonar la Tienda, sin abonar el artículo (que hayan sobrepasado la línea de cajas y se dirijan a la salida, sin abonar el producto).

El VS siempre que se dirija a alguna persona deberáhacerlo con la máxima educación y diplomacia, intentando evitar herir sen sibilidades (Ej: sugerir el olvido de pago de alguna mercancía; en otros casos conducir cortésmente al sospechoso hasta el Departamento de Seguridad, evitando discusiones y escándalos).

17

Las sustracciones de objetos, efectos, etc., se realiza de infinidad de maneras, y los infractores puden ser muy variados tales como: Descuideros, grupos marginales, niños o adolescentes, enfermos (cleptómanos), profesionales, etc., por ello, en cada caso, deberemos de actuar y tratar a las personas de formas diferentes y concretas. Hay personas que imitan sustracciones para después querellarse contra los Establecimientos (querulantes).

Atención especial al autoconsumo, es un fraude muy frecuente (pero también nos pueden indicar que lo abonaran al pasar por Caja), al igual que el deterioro o daños premeditado de mercancías e instalaciones.

Caso de detectar malfuncionamiento de Equipos, roturas, fugas, etc., o problemas de mantenimiento el VS lo comunicara a quien corresponda, reflejándolo en el Parte de Ocurrencias.

Prestar colaboración, protección y cobertura cuando llegan los VS de

Blindados, para recogidas o entregas de efectivos.

Prestar atención a las Cajas Fuertes del Centro, y a la línea de Cajas de cobro a clientes.

Con relación a los proveedores, identificar a los m ismos con sus tarjetas de identidad, la de sus vehículos, las de carga y mercancías que transporten, tanto a la Entrada como a la Salida de los Centros.

SALIDA DEL PERSONAL Y CIERRE:

Vigilar que los empleados no lleven artículo alguno del Centro, siguiendo si se exige la normativa del Cliente. Inspeccionar bolsas, maletines, macutos, bolsos, e incluso las arcas de basura para evitar sacar objetos del Establecimiento, etc.

Ronda General por probadores, lavabos, tiendas, cafeterías, ascensores, escaleras, oficinas, vestidores del personal laboral, aparcamientos, etc., para evitar "encalomos" y comprobar fehacientemente que no queda nadie.

Con respecto al Personal de la Limpieza, iguales medidas que para los Empleados, comprobar que no llevan nada en las bolsas, mochilas, etc., inspeccionar los materiales que lleven para la limpieza, tanto a la Entrada como a la Salida del trabajo.

Una vez terminada la limpieza se conectara la alarma nocturna (robo).

De forma periódica se comprobará el buen funcionamiento de los Sistemas de Seguridad y Contra incendios, así como, todos los relacionados con el Sistema Integral de Seguridad.

ESTABLECIMIENTO CERRADO DE NOCHE:

Realizar Rondas nocturnas dirigidas y aleatorias, evitando los itinerarios fijos, así como horarios (a intervalos irregulares). Cerrar puertas y grifos; desconectar maquinarias que no deberían estar funcionando; solucionar en lo posible cualquier tipo de incidencias, si éstas revisten importancia reflejarlas en el Parte por escrito.

18

Se podrán realizar Rondas Exteriores al Edificio, aser posible, por parejas (art.78 g)).

Se establecerá comunicación entre los VS de servicio, que estén en puntos, áreas o zonas diferentes, para comprobar la normalidad general.

En los relevos, los VS firmarán el correspondienteParte de Servicio.

CENTRO DE CONCENTRACIONES DE MASAS POR ESPECTÁCULOS PÚBLICOS

Al igual que en apartado anterior (Centros Comerciales), las normas de servicios y comportamientos deberán ser establecidas conforme alos riesgos específicos, en estos casos además de la gran afluencia de público, lanormativa y complejidad de la instalaciones, hay que añadir la posibilidad de que surjan "incidentes colectivos" (Ej: Enfrentamiento entre diferentes Peñas, alteraciones del Orden Público, etc.).

En este apartado centraremos nuestra atención en d os Espectáculos: EL FUTBOL y LOS TOROS, si bien se puede trasladar a otros actos de multitudes (Conciertos, Macro Discotecas, Exposiciones Populares, Mítines, etc.) en todos ellos las concentraciones de masas tienen muchos puntos en común.

Estudiaremos lo que en Seguridad, se tiende por: MULTITUDES y CATASTROFE.

MULTITUDES: Individuos próximos y afines entre sí, no organizados ni coordinados, entre los que puede surgir líderes esporádicos.

CATASTROFE: Situación a suceso imprevisible que afe cta a Multitudes o grupos, y pone en peligro vidashumanas.

En muchos Espectáculos se producen más víctimas por la reacción de las masas que por el desastre en sí. Cuando el pánico pude surgir, esconveniente conocer las posibilidades de prevenirlo ocontrolarlo.

Las MULTITUDES, pueden ser: ACTIVAS o PASIVAS.

ACTIVAS: Son expresivas y agresivas (organizadas o desorganizadas) en sus agresiones puede haber "linchamientos", agresiones recíprocas, etc.

PASIVAS: Los que van a ver, a informarse, a oír, etc., sin querer ser molestados ni molestar.

El principal obstáculo para prestar estos serviciosson las masas enfervorecidas (por el líder esporádico) oviolentas (agresivas). Es fundamental el mantenimiento del Orden y conocimiento perfecto de las vías y áreas de Evacuación.

Las Zonas o Áreas a tener presente y controladas, s on:

ENTORNO: Zona amplia (bares, cafeterías, Kioscos de bebidas, etc.) y Áreas de Aparcamientos de vehículos.

PUERTAS DE ACCESO: Permiten la entrada de espectadores a Zonas específicas. Es un área donde hay que apoyar al portero, en el control de las entradas, de los objetos y bolsas que porten los espectadores, evitar personas ebrias, etc. Son las zonas de acceso del público.
PASILLOS Y ZONAS COMUNES: Lavabos, cafeterías, bares, vomitorios, asientos, localidades, etc.

ZONAS PRIVADAS O RESERVADAS: Palco de Autoridades, oficinas, taquillas, vestuarios, etc.

En la mayoría de estos Servicios vamos a coincidir con las FFCCS, por lo que seguiremos sus instrucciones y observaciones para el buen desarrollo del Espectáculo. Debemos proteger como siempre a las Personas y Bienes, hay que tener muy presente los denominados eventos de Alto Riesgo (partidos de fútbol de ambiente rival, corridas con peñas rivales, fans de artistas o cantantes diferentes, etc.) en los que puede existir la posibilidad de violencia o daños para personas o cosas (incluso agresiones a los intervinientes). Durante la función o espectáculo se analizara las reacciones de los espectadores, para poder identificarlos y detenerles casos de alteraciones o desmanes; evitar que porten armas, objetos contundentes, que lancen bengalas u otros objetos.

Habrá que conocer y analizar los posibles Riesgos yPuntos Vulnerables, para realizar el correspondiente Plan Integral de Seguridad (Emergencia-Evacuación-Seguridad).

En resumen podemos decir que la misión del VS, se rá:

- Control de acceso y entornos, comprobar entradas e invitaciones, cacheos de personas sospechosas que pudieran portar objetos o efectos prohibidos o peligrosos, impedir la ingesta y paso de licores al interior del recinto.

- Colaborar y auxiliar a las FFCCS si las hubiere, y seguir sus instrucciones.

- Evitar enfrentamientos entre grupos rivales, identificándolos (sobre todo a los líderes o cabecillas) separar unos grupos de otros, observar a los posibles alborotadores, procediendo a la detención de estas personas si fuese preciso, si mantienen su aptitud.

- Caso de enfrentamientos utilizar los medios legales de los que dispongamos para restablecer el Orden.

- Proteger la integridad de las personas y personalidades (VIP).

- Caso de Emergencia actuar conforme al Plan Integral previsto para ese lugar determinado, exigir información del Sistema Integral de Seguridad.

- Cuando les sea indicado por la Organización los VS deberán proteger a título individual a las personas que se les designe.

20

En resumen de lo expuesto, tenemos las siguientes obligaciones:

1º Proteger a las Personalidades asistentes.

2º Salvaguardar la integridad física de los espectadores y personas que intervienen. (Futbolistas, toreros, actores, cantantes, políticos, etc.).

3º Detener a los agitadores, alborotadores, lideres, agresores, a los que porten armas u objetos prohibidos (Ley de Seguridad para el Deporte y la Ley 1/92 de Protección de la Seguridad Ciudadana).
4º Controlar a las personas en sus accesos.

5º Intervenir en caso de Emergencias y Evacuaciones. 6º Proteger las Instalaciones y su Perímetro.

7º Realizar Rondas Exteriores para evitar que personas del exterior pasen a los que hay dentro efectos, productos, objetos, armas, etc. de carácter prohibido.

En algunos de estos Servicios los VS tiene la facultad de emplear perros en la función de vigilancia y custodia. Y, su regulación legal nos permiten hacer las siguientes observaciones: (Art.75 RSP).

Los perros deben de estar amaestrados, perfectamente identificados y controlados, observando la regulación sanitaria.

Los VS tienen que ser expertos en tratamiento y utilización de los perros.

La formación para el VS en el tratamiento y utiliza ción de perros, el adiestramiento del animal y su documentación, es responsabilidad y a c uenta de la Empresa de Seguridad.

En el caso de que el perro cause lesiones, será responsabilidad del VS cuando hubiese actuado con una deficiente actuación profesional, s in la diligencia debida. En otros casos la responsabilidad corresponde a la Empresa de Seguridad. En todo momento los VS deberán de portar la documentación de los caninos.

Al igual que hemos mencionado lo de los perros, algunos de estos Servicios se pueden prestar con armas, y apoyándonos en el Art. 81 del RSP, observamos:

1º Los VS sólo desempeñaran con armas de fuego los siguientes servicios:

A) Los de protección del almacenamiento, recuento, cla sificación, transporte y distribución de dinero, valores y objetos valiosos o peligrosos.

B) Los de Vigilancia y Protección de:

a) Centros y Establecimientos Militares y otros dependientes del Mº de Defensa, en los que presten servicio miembros de las Fuerzas Armadas o estén destinado al uso por el citado personal.
b) Fábricas, depósitos y transportes de armas, explosivos y sustancias peligrosas.
c) Industrias o Establecimientos calificados como peligrosos, con arreglo a la Legislación

vigente en actividades, manipulación, utilización o producción de materias inflamables o explosivas que se encuentren en "despoblados".

C) En los siguientes Establecimientos, Entidades, Organismos, o Inmuebles, cuando así se disponga por la Dirección General de la Policía en los supuestos de que afecten a más de una Provincia, o por el Delegado o Subdelegados del Gobierno, valoradas circunstancias tales como localización, valor de los objetos a pro teger, concentraciones de Riesgos o Peligrosidad, Nocturnidad u otras circunstancias de análogas significación:

21

I. Dependencias de Bancos, Cajas de Ahorros y Entidades de Crédito.
II. Centros de Producción, Transformación y Distribució n de Energía. (Ej: Endesa).
III. Centros y sedes de Repetidores de Comunicación.
IV. Polígonos Industriales y lugares donde se concentre el almacenamiento de materias primas o mercancías.
V. Urbanizaciones Aisladas.

VI. Joyerías, platerías o lugares donde se fabrique, almacene o exhiban objetos preciosos.
VII. Museos, Salas de Exposiciones o similares.
VIII. Lugares de Cajas o donde se concentren fondos de Grandes Superficies Comerciales o de Casinos de Juegos.

2º Cuando las Empresas, Organismos o Entidades titulares de los Establecimientos o Inmuebles entendiesen que en supuestos no incluidos en el apartado anterior, el servicio deba de ser prestado con armas de fuego, teniendo en cuenta las circunstancias que en el mismo se mencionan, solicitarán la correspondienteautorización a la Dirección General de la Policía; respecto a supuestos supraprovinciales a los Delegados o Subdelegados del Gobierno, que resolverán lo que proceda, pudiendo utorizar la formalización del correspondiente contrato.

Como vemos este Art. 81, distingue entre servicios que necesariamente se prestarán con armas de fuego, sin necesidad de Autorización alguna (apartado 1º, letras A y B), y aquellos otros sometidos a autorización previ a, valoradas circunstancias que en el precepto se determinan (localización, valor de los objetos, concentración de riesgos y peligrosidad, nocturnidad, etc.).

LISTA DE AUTOVERIFICACION

A continuación encontraran una lista de autoverificación, la cual contiene pautas a tener en cuenta en lo concerniente a la protección de personas i de instalaciones en el sector comercial, cada pregunta nos orienta y abre el panorama en cuanto a los aspectos y puntos clave que merecen la atención tanto de los propietarios, administrativos como guardas de seguridad, analícela y tenga siempre en cuenta estos puntos de estudio.

1.- EMPLEADOS Y OBREROS

Sus empleados y obreros son el recurso más valioso. Si ellos conocen y entienden claramente sus funciones y responsabilidades, usted podrá desarrollar una operación adecuada y evitarse muchos problemas.

1.1.- ¿Están sus empleados y obreros bien capacitados y adiestrados?

1.2.- ¿Usa el personal ropas limpias incluyendo el calzado?

1.3.- ¿Se lavan las manos antes de iniciar el trabajo, después de cada ausencia del mismo, y después de ir al baño?

1.4.- ¿Tiene usted instalaciones cerca de sus áreas de trabajo para que sus empleados puedan asear y desinfectar sus manos, y las usan cuando sus manos se ensucian o contaminan?

1.5.- ¿Tienen los baños de su establecimiento carteles que les recuerden lavarse las manos después de ir al baño?

1.6.- ¿El personal asignado al área de proceso, tiene las uñas recortadas, no usan maquillaje ni esmalte para las uñas?

1.7.- ¿Usa el personal que manipula productos para consumo humano, protección que cubra completamente el pelo y boca?

1.8.- ¿Sus empleados y obreros siguen hábitos personales de higiene? ¿Mantienen sus manos alejadas de las áreas del cuerpo más contaminadas por bacterias, como son la nariz y el cabello?

1.9.- ¿El personal designado al área de proceso y áreas críticas, usa joyas y adornos; plumas, lapiceros, termómetros u otros objetos fácilmente desprendibles en los bolsillos superiores de su vestimenta que pudieran caerse y contaminar el producto?

1.10.- ¿El tráfico de personal dentro de su establecimiento esta controlado para evitar contaminaciones de las áreas de proceso?

1.11.- ¿Tiene su personal alguna enfermedad contagiosa, infección gastrointestinal o llaga que pudiese contaminar los productos?

1.12.- ¿Envía usted al médico al personal que manipulará o procesará alimentos, antes de serle asignada tal actividad?; ¿se practican revisiones médicas generales a sus empleados por lo menos 2 veces por año o cuando muestran evidencia de una enfermedad infecciosa?

OBSERVACIONES:____

2.- PATIOS Y ALREDEDORES

Los patios y alrededores del establecimiento no deben presentar condiciones que puedan ocasionar contaminación del producto.

2.1.- ¿Están los alrededores del establecimiento libres de maleza, arbustos, basura o chatarra?

2.2.- ¿Hay agua estancada en su terreno que fomente la proliferación de plagas?

2.3.- ¿Los alrededores del establecimiento muestran exceso de polvo o tierra?

OBSERVACIONES:____

3.- ACCESO Y EDIFICIO

Sus instalaciones deben tener protecciones para evitar la entrada de insectos, roedores, pájaros u otros animales, que son portadores de enfermedades y parásitos y que dejan residuos que contaminan sanitariamente los productos.

Las características de pisos, paredes y techos determinan su facilidad de limpieza y la disponibilidad de instalaciones sanitarias (baños con excusados, lavamanos, etc.) completas y en buenas condiciones, reduce la posibilidad de contaminación por microorganismos.

3.1.- ¿Las puertas y ventanas cierran herméticamente para evitar la entrada de plagas y contaminantes? ¿Tienen las puertas o ventanas vidrios rotos que dejen espacios libres?

3.2.- ¿Hay evidencia de insectos en las paredes, pisos o en el exterior del equipo? ¿Tienen sus ventanas mosquiteros para impedir el paso de insectos?

3.3.- ¿Hay evidencia de roedores? ¿Pasaría un lápiz por debajo de las puertas?. Ese espacio es suficiente para que un roedor pueda entrar.

3.4.- ¿Han sido reparados todos los hoyos y hendiduras en pisos y paredes para evitar que se escondan en ellos las plagas, o sirvan como vías de entrada a su establecimiento?

3.5.- ¿Hay evidencia de perros, gatos u otros animales domésticos?
3.6.- ¿Están los baños regularmente aseados?
3.7.- ¿Están los baños provistos con agua corriente?. ¿Cuentan con inodoros y mingitorios suficientes para el personal, lavamanos, papel, toallas desechables o secadores de aire, jabón y algún sanitizante?
3.8.- ¿Gotea el techo?. Estos pueden contribuir al problema de humedad, agua estancada y como consecuencia contaminación.
3.9.- ¿Hay evidencia de vidrios rotos sobre el suelo o equipo? ¿Están las luces elevadas cubiertas con protectores para prevenir la contaminación de los productos con vidrios rotos en caso de que algún foco o lámpara se rompa?
3.10.- ¿Están las paredes y pisos pintados para facilitar la limpieza o están recubiertas de un material impermeable?
3.11.- ¿Tienen los baños comunicación o ventilación directa con las áreas de producción?
3.12.- ¿El acceso al establecimiento es independiente de casa habitación?. De lo contrario no existe control al acceso de personas, materiales, animales y plagas.
OBSERVACIONES:____

4.- EQUIPO

El equipo y los utensilios empleados que están en contacto con los productos pueden transmitir sustancias tóxicas, olores y sabores indeseables, materia extraña o ser difíciles de limpiar y desinfectar de tal forma que afectan la calidad sanitaria de los productos. El equipo y utensilios deben contar con las especificaciones que demuestren el fin para el cual fueron diseñados.
4.1.- ¿Es limpiado y saneado el equipo que tiene contacto directo con alimentos con la frecuencia necesaria como para prevenir la contaminación del producto?. Se deben de seguir programas de limpieza por lote o por turno apropiados para cada pieza de equipo.
4.2.- ¿Está el equipo diseñado, o de alguna manera es apto para los fines para los cuales está siendo usado?
4.3.- ¿Al término de un lote o turno, hay una película de material (materia prima, producto en proceso) estática en sus equipos?. Esto podría servir como foco de contaminación de insectos y bacterias.
4.4.- ¿Al término de un programa de limpieza por lote o turno, existen restos de detergentes, sanitizantes, lubricantes o solventes en su equipo, los cuales podrían llegar a contaminar los productos?

4.5.- ¿Es el equipo difícil de desmontar para limpiarlo?. Mientras más difícil sea esto, el personal estará menos dispuesto a limpiarlo.
4.6.- ¿Existen áreas inaccesibles alrededor del equipo o maquinaria donde cualquier desperdicio pueda acumularse y servir como nido o alimento para insectos y roedores?
4.7.- ¿Existen evidencias de reparaciones improvisadas, por ejemplo uso de mecate, clips, pasadores u otro material para reparar en forma improvisada el equipo?. Todas las reparaciones del equipo deberían ser permanentes ya que piezas de la reparación temporal pueden romperse y mezclarse con el producto.
OBSERVACIONES:____

5.- LIMPIEZA

La buena higiene exige una limpieza eficaz y regular de sus instalaciones para eliminar residuos de productos y basura que puede constituir una fuente de contaminación de los productos. Por áreas de trabajo, deben establecerse los programas de limpieza más adecuados y definirse los tiempos pertinentes en los que ha de desarrollarse cada acción (POR TURNO, POR LOTE, CADA X NUMERO DE HORAS, CADA X NUMERO DE DIAS, ETC.)
5.1.- ¿Son recogidos los desperdicios y basura para que no sean usados como escondites y alimentos por las plagas?
5.2.- ¿Sus empleados comen y fuman solo en áreas designadas?
5.3.- ¿Se limpia inmediatamente el alimento derramado o sobrante que dejan sus empleados para evitar la proliferación de plagas o bacterias?
5.4.- ¿Se limpia el excremento dejado por los roedores para que sea posible detectar excremento fresco dejado posteriormente?
5.5.- ¿Existen paredes y pisos con incrustaciones de producto que evidencien una limpieza deficiente?
5.6.- ¿Se almacena el equipo y material de limpieza cuando no esta siendo usado?. El almacenamiento adecuado es empotrado en la pared o en gabinetes habilitados para tal objeto.
OBSERVACIONES:____

6.- BASURA

El área central de recolección de basura debe estar delimitada y fuera de las áreas de producción, de construcción sanitaria que facilite la limpieza.

Los recipientes de basura deben estar convenientemente ubicados y protegidos con tapa preferentemente, o que nunca lleguen a estar llenos más de las 3/4 partes.

6.1.- ¿Se recoge la basura con frecuencia y es colocada en lugares apropiados?. Debe usted colocarla lo más alejada posible de las zonas de proceso.

6.2.- ¿Se mantienen los recipientes para la basura cubiertos?. Un recipiente descubierto es un excelente medio de cultivo para insectos y roedores.

OBSERVACIONES:____

7.- PLOMERIA

Se debe tener libre acceso a las tuberías para su limpieza o reparación. Es deseable que se proyecten y se construyan de manera que eviten la acumulación de la suciedad y se reduzca al mínimo, la condensación y la formación de mohos e incrustaciones.

7.1.- ¿El agua que utiliza su establecimiento es potable, es decir de un abastecimiento municipal o un pozo privado certificado, contando además con un control analítico básico en forma permanente?

7.2.- ¿Ha verificado que no haya mangueras colgando olvidadas en depósitos o en el suelo?. La falta de presión puede causar una regresión del fluido que contaminará su abastecimiento de agua.

7.3.- ¿Tienen sus instalaciones válvulas de cerrado para la regresión de fluido y aspirado del mismo para prevenir contaminación?

7.4.- ¿Existe evidencia de agua estancada dentro de las instalaciones de su establecimiento?. Es recomendable evitarla.

OBSERVACIONES:____

8.-HUMEDAD

Debe controlar la humedad de su planta evitando goteras y ventilando las áreas más húmedas para alargar la vida útil del producto, y evitar el deterioro prematuro de sus instalaciones y equipo.

8.1.- ¿Tiene su edificio goteras o tuberías que gotean, que puedan contaminar el producto?

8.2.- ¿Hay presencia de hongos en las paredes o techos? ¿Hay suficiente ventilación para eliminar la humedad? El moho, los insectos y las bacterias prosperan en un ambiente húmedo.

OBSERVACIONES:____

9.-TEMPERATURA

Las áreas de proceso, cámaras de refrigeración o congelación se deben encontrar siempre en orden, limpieza, iluminadas, libres de olores ofensivos y sin mohos. Las cerraduras y empaques se deben encontrar en buen estado. Los termómetros deben funcionar, estar calibrados, colocados en lugar visible dentro y fuera de las cámaras.

9.1.- ¿Están las áreas de almacenamiento de productos o materias primas que no requieren de bajas temperaturas, sujetas a temperaturas extremas?

9.2.- ¿Los termómetros se calibran anualmente?, ¿los termostatos se verifican periódicamente?

9.3.- ¿Las áreas de almacenamiento de productos refrigerados se encuentran a temperaturas menores de 4 oC? y ¿Las de productos congelados a temperaturas que oscilan entre -10 oC y -20 oC?

9.4.- ¿Se llevan registros gráficos en forma continua, de las temperaturas a las que se encuentran todas las áreas de almacenamiento?

9.5.- ¿Sus áreas de proceso se mantienen en el rango de temperaturas apropiado?. Los insectos gustan de temperaturas altas y su actividad es mayor.

OBSERVACIONES:____

10.- TRANSPORTES DE MATERIAS PRIMAS

Todos los vehículos deben ser inspeccionados antes de cargar las materias primas, con el fin de asegurarse de que se encuentren en buenas condiciones sanitarias.

La transportación refrigerada es requisito indispensable en la mayoría de los alimentos perecederos y en ciertas materias primas.

10.1.- ¿Se nota un olor a limpio cuando las puertas de la caja del transporte son abiertas, o detecta usted olores que puedan indicar putrefacción, contaminación con gasolina u otros olores extraños?

10.2.- ¿Si el transporte de las materias primas es refrigerado, es la temperatura apropiada?

10.3.- ¿Están las cajas apropiadamente acomodadas e intactas?

OBSERVACIONES:____

11.- ALMACENAMIENTO DE MATERIAS PRIMAS Y PRODUCTOS

Pisos, paredes y techos del almacén deben ser resistentes, en perfecto estado, permitir una fácil limpieza y libres de humedad.

Las materias primas deberán almacenarse en condiciones que confieran protección contra la contaminación y reduzcan al mínimo los daños y deterioros.

11.1.- ¿Está el área de almacenamiento completamente llena?. Tal condición evita su adecuada inspección y limpieza, y aumenta la probabilidad de que los productos se dañen durante su almacenamiento.
11.2.- ¿Están los productos almacenados sobre tarimas y separados por lo menos 45 cm. de las paredes?. Es importante dejar espacios como pasillos de inspección para verificar rápidamente la presencia de roedores e insectos. Se recomienda pintar una línea blanca en el piso a lo largo de las paredes para indicar pasillos de verificación.
OBSERVACIONES:____

12. ROTACION

Se recomienda llevar un control de primeras entradas y primeras salidas, a fin de evitar que se tengan productos sin rotación.

12.1.- ¿Almacena usted sus productos con base en el sistema de primeras entradas - primeras salidas, para reducir la posibilidad de deterioro?
12.2.- ¿Son los productos viejos puestos frente a los nuevos para facilitar el proceso de rotación?
12.3.- ¿Están sus productos fechados o codificados para garantizar una rotación adecuada de las existencias?
12.4.- ¿Cuando se hace la verificación de los almacenes, se revisan primero los recipientes con polvo o descoloridos? Estos son obviamente los productos más viejos.
OBSERVACIONES:______________________________________

13.- MATERIALES DAÑADOS, ALTERADOS Y/O CONTAMINADOS

Los productos descompuestos o alterados deben desecharse inmediatamente, sólo se conservan los dudosos o los que están analizándose y deberán mantenerse por separado, almacenándolos y etiquetándolos adecuadamente. En la zona de manipulación de productos no se permitirá el almacenamiento de ninguna sustancia que pudiera contaminarlos, salvo que sea necesario para fines de higiene o control de plagas y estén debidamente identificados.

13.1.- ¿Se inspeccionan por medio de controles analíticos las materias primas cuando se

reciben y son rechazadas cuando se identifican contaminadas o fuera de especificaciones?
13.2.- ¿Los productos dañados por insectos, roedores u otro motivo, se almacenan en una área designada como "materiales dañados, alterados y/o contaminados" para prevenir su contacto con otros productos en buenas condiciones?
13.3.- ¿Los productos después de mantenerse en el área designada como "materiales dañados, alterados y/o contaminados" son destruidos o desechados adecuadamente para prevenir el desarrollo de plagas y para evitar que estos sean utilizados o consumidos en la planta o en la zona de disposición final?

OBSERVACIONES:____

14.- CONTROL DE PLAGAS

Invierta recursos en el mantenimiento de sus instalaciones, sobre todo si esto le ayuda a prevenir la entrada de plagas. El control de plagas con plaguicidas o trampas es sólo un remedio correctivo que le costará más a largo plazo. Si usted contrata a una compañía de control de plagas o usted mismo lo hace, verifique lo siguiente:
14.1.-¿Supervisa usted continuamente el trabajo que se realiza para el control de plagas?
14.2.-¿Se asegura de que el veneno que usa no contamina los alimentos?. No hay ningún insecticida que sea útil para todos los propósitos, sobre todo si su negocio es de alimentos.
14.3.- ¿Sabe usted cuantas y donde están las trampas o el veneno?. Deben colocarse de modo que no haya riesgo de contaminación del producto y que no las deje olvidadas.
14.4.- ¿Se usan fumigadores? ¿Representan algún riesgo para la salud de sus empleados o para la seguridad de los alimentos?
OBSERVACIONES:____

15.- ALMACENAMIENTO Y MANEJO DE MATERIAS PRIMAS PELIGROSAS

Las materia primas peligrosas deberán almacenarse en condiciones que confieran protección contra la contaminación y reduzcan al mínimo los daños y deterioros.
15.1.- ¿Los insecticidas, herbicidas, solventes, lubricantes y sustancias inflamables o productos químicos son accesibles únicamente a personal autorizado?. Esto le ayudará a prevenir accidentes tales como contaminación de alimentos y daños a su personal a causa de la ignorancia de otros.
15.2.- ¿Están todos los materiales peligrosos contenidos en envases, tambores, cuñetes o cajas que indiquen su peligrosidad? Aún los materiales que no son peligrosos requieren ser etiquetados.

OBSERVACIONES:____

16.- COMPOSICION DE LOS PRODUCTOS QUE USTED ELABORA

Los aditivos que utiliza deberán almacenarse, y etiquetarse adecuadamente.

16.1.- ¿Los aditivos que usted usa son grado alimenticio?. ¿Está su uso autorizado en el Reglamento de la Ley General de Salud, y dentro de los límites permitidos?
16.2.- ¿Los productos que usted elabora están dentro de las tolerancias establecidas en el Reglamento de la Ley General de Salud o las Normas Oficiales Mexicanas?

OBSERVACIONES:____

17.- PROCEDIMIENTOS PARA GARANTIZAR LA CALIDAD SANITARIA DE SUS PRODUCTOS

Es muy recomendable que usted implante y siga sistemáticamente procedimientos para prevenir que los productos que usted elabora estén libres de riesgo para la salud.

17.1.- ¿Cuenta usted con procedimientos que describan el proceso de elaboración y con el diagrama de flujo del proceso?
17.2.- ¿Ha analizado en cada etapa de su proceso los riesgos microbiológicos, físicos o químicos que necesita usted controlar?
17.3.- ¿Ha identificado la operación o equipo más importante en donde la falta de control puede resultar en un riesgo inaceptable para la salud de sus clientes?
17.4.- ¿Cuenta usted con instrumentos o aparatos para monitorear los factores de riesgo o puntos críticos, por ejemplo: temperatura, tiempo, pH, acidez, cuentas bacterianas, etc., de la operación más importante para tener la seguridad de que está bajo control?
17.5.- ¿ Ha establecido usted límites máximos o mínimos de variación de los factores de riesgo o puntos críticos?
17.6.- ¿Desarrolla normas internas para sus productos?
17.7.- ¿Realiza usted periódicamente (por lote, turno, etc.) análisis de laboratorio de sus materias primas, agua potable, producto en proceso, o producto terminado, para tener la seguridad de que no tienen contaminación microbiológica o fisicoquímica?
17.8.- ¿Ha establecido un plan de medidas correctivas cuando el monitoreo de los puntos críticos indica una pérdida de control?

17.9.- ¿Lleva su personal registro de los puntos críticos, para tener usted la seguridad de que en cualquier momento la operación más importante, está siempre dentro de los límites establecidos?
17.10.- ¿Verifica usted frecuentemente la aplicación de los procedimientos establecidos para garantizar la calidad de sus productos?
OBSERVACIONES:

Lean detenidamente este articulo, en donde podrán encontrar un análisis estadístico de situaciones reales que nos sirven de ejemplo para tener en cuenta en la prestación del servicio de seguridad privada.

LA PRISION PREVENTIVA

Autores:
Per Stangeland
Esther Guzmán Muñoz

INTRODUCCION

Tras las encuestas de victimización llevadas a cabo con población residente y transeúnte, una completa visión de la delincuencia en Málaga exigía realizar un trabajo de las mismas características en relación a las empresas y al tipo de delincuencia que les afecta especialmente.

En este estudio se han incluido únicamente empresas de venta al por menor o que prestan servicios de forma directa al público. La mayor parte de las mismas son pequeñas empresas de carácter familiar, pues no sobrepasan los cinco empleados. La distribución categorial de la muestra es la siguiente:

- Venta al por menor de mercancías no comestibles (papelerías, talleres de coches, etc.), con un total de 207 empresas.
- Comercios destinados a la venta al por menor de comestibles (supermercados, panaderías, etc.), con un total de 76.
- Empresas dedicadas a actividades relacionadas con ocio y turismo(bares, restaurantes, agencias de viajes, etc.), con un total de 106 empresas.

Al comienzo de la entrevista fueron presentados seis problemas típicos relacionados con los comercios, con objeto de que los encuestados los clasificasen en orden de importancia. La clasificación obtenida se inicia con los problemas de aparcamiento, mientras que la delincuencia aparece en segundo lugar, seguida por el ruido, la contaminación y basuras, la

Figura 1. Tasas de delincuencia contra comercios. Málaga Capital y la Costa del Sol durante 1994

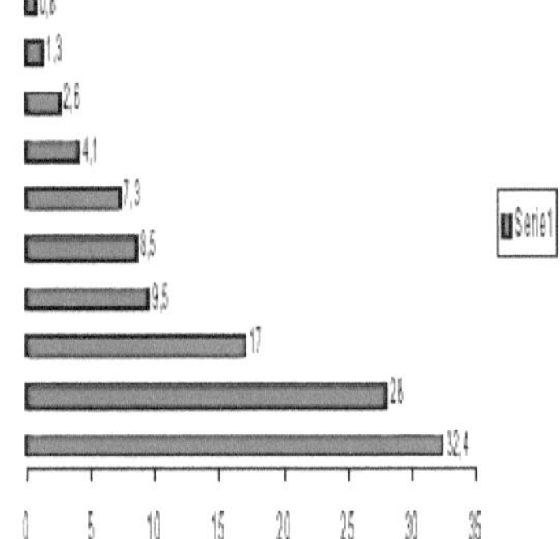

METODOLOGIA

La muestra se seleccionó a partir de las páginas amarillas e incluye a empresas de Málaga capital y de los cinco pueblos con mayor población de la zona costera.

Se eligieron aleatoriamente comercios de todas las categorías de empresas con un local abierto al público. El primer contacto se realizó por telefono. Sólamente han sido incluidas empresas que llevan un año o más abiertas en el mismo local. Estas empresas recibieron una carta informativa sobre los fines del estudio. La entrevista telefónica se realizó, salvo excepciones, con el dueño o encargado de la empresa.

La tasa de respuesta fue del 90%: contestaron 389 empresas, de las cuales 190 corresponden a Málaga capital y 199 a la zona costera. Las entrevistas se realizaron durante los primeros meses de 1995 y las preguntas se concentraron en sucesos ocurridos durante 1994.

presencia de adolescentes en las proximidades, las deficiencias en el servicio público y las acciones de niños pequeños que estropean cosas.

Posteriormente se preguntó si la empresa en cuestión había sufrido uno o varios de los siguientes delitos durante el año 1994:

•Hurtos por parte de clientes o terceras personas.

•Robo de partes del vehículo de la empresa.

•Robo con fuerza en las cosas: se fuerzan cerraduras o ventanas para llevarse artículos o dinero.

•Fraude cometido por clientes o proveedores.

•Daños materiales intencionados.

• Robo del coche de la empresa.

•Robo con violencia, atracos.

•Hurto o fraude cometido por los empleados.

•Agresiones: peleas o altercados con clientes o empleados

• Corrupción: soborno o extorsión.

Los resultados (Figura 1) indican que el hecho delictivo más común es el hurto o pequeño robo por parte del público que acude al establecimiento: el 32,4% ha señalado sucesos de este tipo. Por otra parte, de los ejemplos recogidos se deduce que los comerciantes sólo afirman haber padecido este delito si han visto al autor, por lo que cabe suponer que el pequeño hurto anónimo es aún más frecuente de lo que reflejan nuestras cifras.

En segundo lugar aparece la sustracción de mercancías u objetos de un vehículo de la compañía.

Los robos con fuerza en las cosas constituyen el tercer tipo de delito más frecuente: el 17%, un comercio de cada seis, ha sufrido un robo de este tipo durante el último año, normalmente fuera de las horas de apertura:

"Rompieron la persiana y la cristalera con un coche. Se llevaron la máquina tragaperras y botellas de licor que tenía en el local"

"Entraron en la nave rompiendo el tejado y se llevaron gran cantidad de materiales"

Destaca el hecho de que una buena parte de estos robos se quedan en meros intentos por la dificultad de forzar la persiana metálica, la intervención de vecinos o el sistema de alarmas.

El 4,1% ha sufrido un robo con violencia o intimidación:

"Entraron dos chicos con sombreros y medias en la cara, sacaron una pistola y se llevaron el dinero de la caja. Huyeron en un coche que había aparcado en la puerta."

"Entraron cuatro o cinco niños de entre 11 y 13 años y me pidieron agua. De repente sacaron navajas y destornilladores y me hicieron darles el dinero de la caja".

"Un hombre entró al supermercado, cogió tres botellas y, cuando estaba en la caja, le sacó una navaja a la cajera para que lo dejara irse"

En dos de cada tres robos con violencia o intimidación se utilizó navaja y en uno de cada tres una pistola. Ninguno de los encuestados sufrió daños físicos y, en la mayoría de los casos, los atracadores se llevaron poco dinero: la cantidad típica en estos casos no alcanza las 25.000 pesetas. El daño más grave suele ser la experiencia traumática que sufre la víctima del atraco, la cual puede dar lugar a problemas psíquicos como ansiedad e insomnio.

Agresiones y peleas

Se recogen escasos ejemplos de agresiones o amenazas en nuestra encuesta. Sólamente 5 empresas comentan hechos de este tipo:

"Suele venir mucha gente pidiendo y, si no les das nada, te amenazan diciéndote que cualquier día le va a pasar algo malo al establecimiento"

Un hecho sorprendente es que entre los más de 50 bares y restaurantes incluidos en la muestra, ninguno menciona agresiones o peleas. Así, parece que la vida nocturna en Málaga y la costa se desarrolla de forma bastante pacífica.

Delincuencia cometida por empleados

En algunos estudios realizados en países anglo-sajones se concluye que las empresas pierden más dinero por infidelidad de los empleados que por hurtos cometidos por los clientes. Nuestros datos muestran todo lo contrario: tan sólo el 2,6% de los encuestados comenta problemas de este tipo. Una posible explicación del fenómeno es que en la empresa pequeña y familiar se puede mantener la lealtad por parte de los empleados, y controlar mejor la caja y las mercancías, de lo que es posible hacerlo en una empresa grande.

Fraudes

Los fraudes por parte de clientes o proveedores son señalados por el 9,5% de las empresas. Algunos de los casos son de escasa envergadura, por ejemplo, clientes que se marchan del bar o restaurante sin pagar. No obstante, también encontramos ejemplos de fraudes más graves: pago con talones sin fondo o con tarjetas falsificadas. El valor típico de pérdidas por fraude es de 50.000 ptas. al año.

Corrupción

Menos del uno por ciento de los encuestados mencionan haber sido víctimas de corrupción o soborno. Además, los ejemplos ofrecidos implican a clientes o proveedores, pero no a funcionarios públicos:

"Los proveedores han intentado convencer a los trabajadores para que les compren a ellos la mercancía, a cambio de determinadas compensaciones"

Después de una pregunta genérica sobre sobornos o extorsiones, se incluyó una pregunta adicional sobre posibles problemas relacionados con la administración pública:

"¿Algún funcionario le ha hecho entender que usted obtendría licencias/permisos más fácilmente si ofreciera determinadas ventajas o compensaciones a cambio?"

Ninguna de las 389 empresas responde afirmativamente a esta pregunta. De todos modos, es probable que favores personales por parte de funcionarios públicos no hayan sido considerados por los encuestados como una conducta delictiva. En cualquier caso, no se ha obtenido ni un sólo ejemplo de corrupción o intentos de corrupción en los que participe un funcionario público.

Figura 2- Tasas de denuncia a la policía (de cada cien empresas que han sufrido delitos

De los datos obtenidos se puede deducir, por consiguiente, que la corrupción está menos extendida en el sector público de lo que podría parecer por la gran atención prestada a los casos bajo investigación judicial. La corrupción existe, quizás, a otros niveles: queremos decir que, en el supuesto de existir una colaboración ilegítima, p.e., entre una gestoría fiscal y funcionarios de nivel medio/alto, estos hechos ocurrirían sin que la empresa cliente de la gestoría fuera informada sobre el caso. En definitiva, el funcionario que atiende directamente al público es, según los datos de nuestra encuesta, bastante honesto.

Sectores con alto riesgo

En cuanto al riesgo diferencial de ser víctima de delito, las diferencias más destacadas parecen vinculadas al tipo de negocio. Así, las tiendas que exponen mercancías directamente al público sufren más hurtos por parte de clientes o transeúntes; quienes venden comestibles son más vulnerables a hurtos o fraudes por parte de los empleados (quizás, por las dificultades de mantener un estrecho control sobre los productos y la caja); finalmente, el sector dedicado al ocio y al turismo parece ser más vulnerable a robos con violencia.

De todos modos, una consideración global de estos tipos de delitos nos lleva a la conclusión de que todos los sectores tienen el mismo riesgo de sufrir delitos. Los resultados muestran que el 55% de los comercios ha sufrido algún tipo de delito durante el año.

Respecto al riesgo diferencial de victimización en relación a la zona geográfica, el material no permite un análisis detallado por distritos dentro de la capital y entre los pueblos de la costa. Sin embargo, se puede concluir que los comerciantes del casco histórico de Málaga, los cuales han reclamado mayor protección policial por la cantidad de robos que sufren, quizás están más expuestos a problemas de mendicidad, pero no parecen ser más afectados por la delincuencia que otras zonas de la ciudad. Tanto robos con fuerza en las cosas como robos con violencia parecen distribuirse por toda la zona urbana.

No se aprecian grandes diferencias entre Málaga capital y la Costa del Sol en cuanto al número de robos. En definitiva, parece que el tipo de negocio influye más en la delincuencia sufrida por las empresas que la ubicación geográfica de las mismas.

Contacto con la policía

Un 30% de los delitos fueron puestos en conocimiento de la policía, siendo denunciados con mayor frecuencia el robo de coche y el robo con fuerza en las cosas, como se indica en la Figura 2. De este modo podemos observar la misma tendencia de denuncia en particulares y empresas: los robos de menor cuantía, no cubiertos por la póliza de seguros, no se denuncian.

La mitad de los encuestados califican la actuación policial como satisfactoria, y la otra mitad como insatisfactoria. En este aspecto aparecen diferencias entre municipios: los comerciantes de Málaga capital son los que señalan estar menos satisfechos, mientras los comerciantes de Marbella se muestran muy satisfechos con su policía; el resto de los comerciantes de la costa se sitúa en una posición intermedia. Ejemplos de comentarios que muestran satisfacción en relación a la actuación policial son los siguientes:

"La inseguridad no se debe a la mala actuación policial, sino a la de la justicia."

«La zona está vigilada pero no sabe si son o no efectivos porque nunca los ha necesitado».

«La policía no suele venir por esta zona porque es muy tranquila aunque, cuando se les ha necesitado, han acudido pronto».

Los encuestados menos satisfechos hacen comentarios como los siguientes:

«Hacen la vista gorda cuando sucede algo».

«A la policía no se le ve el pelo, para lo único que aparecen es para poner multas».

«Pasan mucho por esta zona aunque, cuando se les necesita, no aparecen».

«La actuación de la Policía Local es insatisfactoria, cuando les he llamado han acudido demasiado tarde. La Policía Nacional sí lo hace bien».

«No solucionan los problemas de los ciudadanos».

«Cuando cogemos a alguien nos molestan más a nosotros que el propio chorizo» .

Medidas de seguridad

En relación a la existencia de contactos con el ayuntamiento, la policía u otros expertos en materia de seguridad, ninguna de las empresas había recibido consejos o ayuda de estas autoridades sobre cómo prevenir delitos.

Las medidas de seguridad más utilizadas son las rejas y persianas metálicas, si bien el 39% había instalado una alarma. No obstante, lo más habitual es que la alarma instalada no se conecte a ninguna central que acuda al activarse, lo cual ocasiona muchas molestias a los vecinos en el caso frecuente de alarma falsa. Unicamente el 17,7% de los comercios están conectados a una central de vigilancia privada.

Por otra parte, tres de cada cuatro empresas no han invertido en seguridad durante el último año, mientras que el 25,2% de los encuestados que ha instalado un sistema de vigilancia han desembolsado entre 50.000 y 100.000 pesetas anuales.

Conclusión

La delincuencia es un tema preocupante para las empresas malagueñas. Sin embargo, los comercios sufren menos delincuencia que en otros países europeos estudiados.

Destaca la falta de información y asesoramiento a los comercios sobre medidas de prevención, y también la escasa inversión de los comerciantes en su propia seguridad.

Las pérdidas materiales son moderadas: una empresa media pierde algo menos de 10.000 pesetas al año en daños y robos. La preocupación está, quizás, más basada en el temor al propio suceso violento, y a la falta de protección en caso de emergencia, que en la frecuencia del suceso.

PROTECCIóN DE INSTALACIONES

1.- DEFINICION DE ESTUDIO DE SEGURIDAD

Es el conocimiento que se adquiere de personas, instalaciones y procedimientos, para ser analizado con relación a las normas de seguridad vigentes y situaciones de riesgo que se puedan presentar, para determinar sus Vulnerabilidades diseñando un sistema de protección que brinde una mayor y mejor cobertura de la seguridad.

3.- CLASES DE ESTUDIOS DE SEGURIDAD

1.- FISICO : El que se hace a las instalaciones, empresas, industrias, oficinas, almacenes, viviendas

2.- PERSONAL : El que se le efectúa a las personas y se tienen dos categorías :

LABORAL : Es que se les adelanta a los trabajadores de una empresa antes del ingreso y durante el tiempo que dure en la empresa para determinar su grado de confianza.

PERSONAJES : Es el que se le hace a los persona que por su importancia, jerarquía o posición tienen un mayor grado de riesgo, tales como : Industriales, presidentes de empresas, funcionarios públicos, etc., y determinan sus Vulnerabilidades en su seguridad.

3.- PROCEDIMIENTOS (ESPECIALES) : Son los que se les hace a los diferentes normas, procedimientos, controles, planes de prevención que tiene una empresa, para determinar sus deficiencias, normalmente esta incluido en el estudio de seguridad físico.

4.- LINEAS DE SEGURIDAD FISICA

El mejor sistema Protección es el conocido mundialmente como ANILLOS DE SEGURIDAD, la importancia que se le quiera brindar a la seguridad, determina el número de anillos, teniendo cuatro como básicos, así:

NIVELES DE PROTECCION

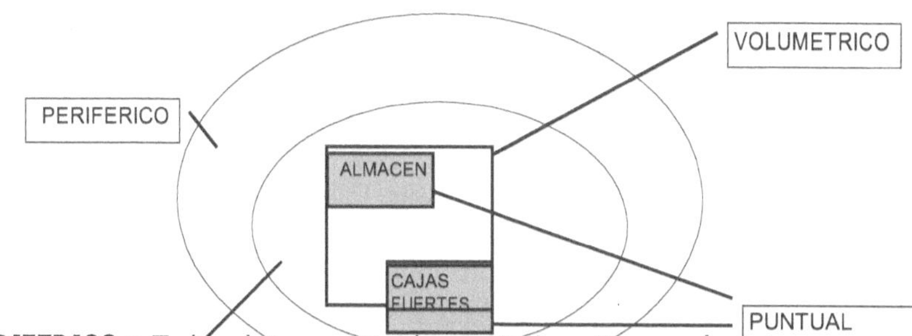

PERIFERICO: Todos los puntos de control, criticos, vías de acceso, autoridades y otros que estan en los alrededores del puesto de vigilancia.
PERIMETRICO: Los limites del Puesto de Vigilancia, en una casa o Local son las paredes que colindan con otras casa, en empresas grandes e industrias, son los muros, mallas .
VOLUMTRICO : Es el conjunto interior de una o varias edificaciones dentro del perimetro.
PUNTUAL: Son las dependencias mas susceptibles a la delincuencia, puede ser una o varios puntuales.

Los anillos de Seguridad o Protección se deben de analizar tanto horizontalmente como en forma vertical, teniendo en cuenta los siguientes aspecto :

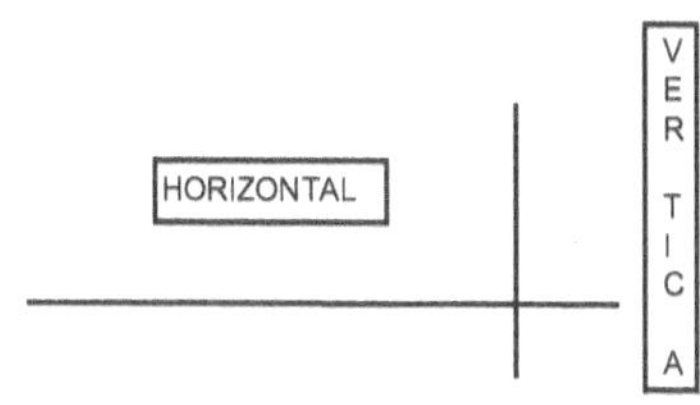

Las Compañías exitosas y por tanto las más lucrativas, son por lo general las mejor dirigidas, controladas y las más seguras. Un alto grado de seguridad y control se logra por medio de la implantación de oportunas medidas de prevención, y nunca merced de planes súbitos, improvisados o por medio de programas de emergencia o de corto alcance.

El estudio de seguridad nos determinará en forma concreta el grado de amenaza y el nivel de riesgo. Con base en los resultados del estudio se diseñará el Programa de Seguridad, cuya amplitud y costo serán proporcionales al grado de exposición o peligro en que se encuentra actualmente la planta física y el personal de la empresa.
De acuerdo a lo anterior la Seguridad debe ser parte fundamental de la política gerencial a largo plazo, de cubrimiento integral y de alcance general y, como tal se debe convertir en uno de los más importantes puntos de apoyo para el desarrollo normal de la empresa.

Otro de los objetivos del Estudio de Seguridad, es de aproximar a la Gerencia a la realidad actual, reflejada en la falta de medidas de prevención las cuales permiten o facilitan que los niveles de inseguridad se disparen.

Teniendo en cuenta el anterior análisis, consideramos de vital importancia el apoyo que la Gerencia brinde al desarrollo del plan de seguridad, de tal manera que permitan identificar los riesgos, amenazas y vulnerabilidades en las diferentes áreas y procesos para prevenir, detectar y corregir todas las fallas que afectan y que atenta con el normal funcionamiento de la Empresa.

ELABORACION DE UN ESTUDIO

DESCRIPCIóN

INFORMACION GENERAL :

Es la información general del sitio u organización donde se va ha efectuar el estudio de Seguridad.

FUNCION DE LA EMPRESA : Es el Objeto social de la misma, se hace una breve descripción de su proceso.

ORGANIZACION : Es un censo general de las personas que laboran o residen en el sitio y su jerarquía.

HORARIOS DE TRABAJO : Permite determinar el número de personas y horario de permanencia en el sitio, es importante para saber que personas están autorizadas para laborar y para elaborar los Planes de Emergencia.

ESTUDIO DEL AREA PERIFERICA (TERRENO CIRCUNDANTE) :

El Nivel Periférico es el Perímetro exterior esta compuesto por la Topografía, barrios , conjuntos residenciales, status social, condiciones sociales, actividad comercial, autoridades, personajes, estaciones de servicio, hospitales, bomberos, subestaciones de teléfonos- electrificadora – gas – acueducto, construcciones, fuentes de riesgos (grupos de delincuencia, drogadicción), iluminación, vías de acceso, afluencia de personas, transporte.

VECINDARIO

PONAL
EDIF.
ALM.
ESTACION DE GASOLINA
BANCO
TALLER

VECINDARIO

La forma de determinar si es vulnerabilidad o fortaleza, es analizando cada situación en forma particular, en este momento se debe tratar de pensar como actuaría el delincuente, que técnica emplearía, que fachada utilizaría, mas sin embargo debe tener en cuenta, no hay fortalezas 100% seguras, por consiguiente hay que reforzarla, lo que aparenta ser una fortaleza se puede convertir en debilidad. Ejemplo : Tener el puesto de Vigilancia al lado de un CAI de la PONAL, se puede analizar como una fortaleza, debido a que se cuenta con un apoyo inmediato por parte de las autoridades, pero también se convierte en una vulnerabilidad, en el caso de que ese mismo CAI sufra un atentado terrorista. En esta primera fase del estudio veremos :

1.- Área rural, urbana, sub – urbana : La ubicación es de vital importancia, una Área Rural presenta ventajas: No hay mucha afluencia de personas, se puede tener un censo de las viviendas y habitantes aledaños, una o máximo dos vías públicas, los habitantes se pueden integrar a un programa de asistencia y de acción Cívica. A su vez presenta desventajas, retirado de un apoyo inmediato, servicios públicos deficientes y fácil de sabotear, permite encubrimiento al delincuente. Área Urbana, presenta ventajas, apoyo más rápido por parte de la empresa y autoridades, servicios públicos eficientes, mayor vigilancia por parte de las autoridades. Desventajas, vías de acceso, fácil desplazamiento, emplear diferentes fachadas, mucha afluencia de personas.

2.- Topografía : La topografía se puede definir como plana, ondulada, montañosa, árida, selvática, boscosa, con el apelativo de semi, muy o poco. Presenta sus ventajas y desventajas, se debe tener en cuenta la observación, el follajes, vías de acceso como trochas, ríos, quebradas, precipicios, puntos críticos del terreno, desniveles.

3.- Población : De la población los puntos de referencias son : Status social (Alto – Medio – Bajo) Un Status Alto se puede decir que es ventaja, las personas tienen una cultura alta, buenos ingresos, etc. Pero también tienen sus desventajas, son mas susceptible de amenazas, atentados, secuestros.

Actividad económica, Comercial, industrial, financiera, portuaria, residencial y va ligada al panorama social y condiciones de trabajo.

4.- Servicios Públicos y autoridades: Es importante tener en cuenta la ubicación, distancia y tiempo de Policía, bomberos, hospitales, ambulancias, centrales o sub – estaciones de servicios públicos, para que se pueda brindar una ayuda en forma oportuna, teniendo en cuenta que tenerlos cerca, también presenta desventaja.

CARACTERISTICA DEL VECINDARIO :

Es describir la actividad económica del sector, el nivel social del sector, la tendencia de los habitantes, oficios, actividades, etc., de igual manera, los fenómenos naturales que se han presentado, latentes o probables, como de igual la experiencia de otras empresas.

PERIMETRO :

Es el nivel de Protección Volumétrico, se describe los limites del sitio y consta de los siguientes puntos.

CONSTRUCCION: Hace referencia a las construcciones o terrenos aledaños, tipo de construcción, terrenos baldíos, quebradas, etc.

BARRERAS: Casas, la fachada(Entrada o frente), paredes que limitan con los vecinos, patios. Edificio, la fachada(Entrada o frente), paredes que limitan con los vecinos. Conjuntos de Casas - Torres de Edificios y Empresas, se describen los tipos de barreras e iluminación, para lo cual existen diferentes diseños, así :

TIPO DE BARRERAS : NATURALES : Ríos, quebradas, precipicios, taludes, árboles o cualquier fenómeno de la naturaleza que brinda protección. ARTIFICIALES : Muros, Rejas, Mallas, Cercas o combinados.

ILUMINACION: NATURALES : La luz día (sol) en la noche la luna, es importante conocer las fases lunares. ARTIFICIAL : AEREA : Existen múltiples sistemas de bombillos, con características diferentes, mayor espectro (área iluminada) que otros y su duración entre otros aspectos, la ubicación y área por iluminar es importante, teniendo en cuenta, que las empresas y conjuntos prefieren que la iluminación sea al interior y descuidan el área exterior. TERRESTRE : Farolas que están a ras de piso.

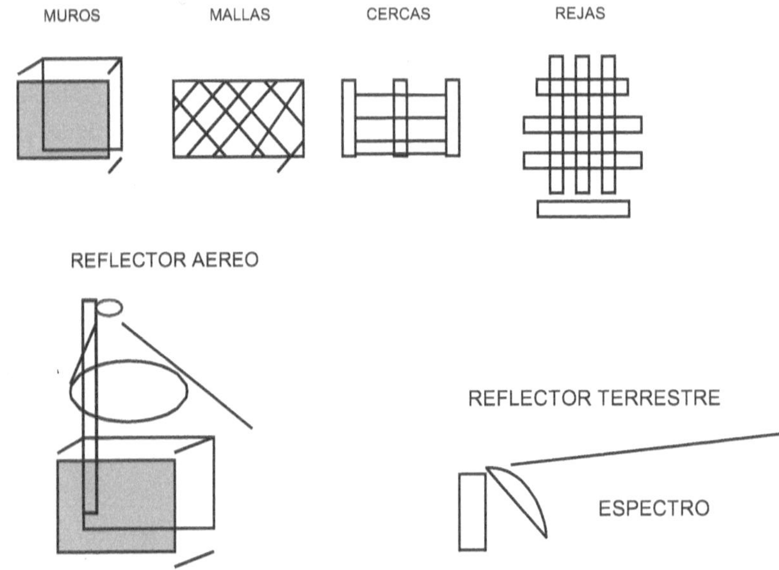

PUNTOS CRITICOS : Esto todo aquello que permita el sobre paso a la barrera, sea esta por la parte alta o baja de la estructura, como árboles, edificaciones pegadas, canecas, alcantarillas, huecos, etc. Puntos ciegos, son aquellos que por algún motivo no dan una visibilidad completa a la malla, desechos, árboles, matas, mala iluminación artificial.

CONTROLES DE ACCESO : Por ser una barrera, tiene entradas y salidas, describir que tipo de controles de acceso tienen, barras, rejas, portón, puertas, etc.

INSTALACIONES :

Las instalaciones se hace una descripción general de la construcción, si es en cementos, tipo de mampostería, número de plantas(pisos), cantidad

de edificaciones, etc. Posteriormente, se coge dependencia por dependencia y se describe teniendo en cuenta los siguientes aspectos :
PUERTAS : Tipo de puerta(Constitución) : Madera, metálica, vidrio, combinada ; Marco o Cerco de la puerta ; Bisagras, pivotes de seguridad y tacos ; Accesorios(Ojo mágico - alarma - cerrojos) ; Cerraduras.
VENTANAS : Constitución : Vidrio, plano, corrugado, blindado, Anjeo, hueco. Marco - Bisagras - Accesorios - Cerradura.
TECHO : Tipo de techo en zinc, teja eternit, teja de barro, plancha. Traga Luz - Altura - Protección.
SISTEMA DE REFRIGERACIÓN : Ductos de aire, calados, claraboyas.
ILUMINACION INTERNA : Natural y artificial, sistema empleado.

ESTUDIO DEL CONOCIMIENTO DEL ENTORNO - ESTUDIO DE SEGURIDAD FISICO

LUGAR Y FECHA	:
EMPRESA	:
DIRECCION	:
TELEFONO	:
GERENTE	:
JEFE DE SEGURIDAD	:
FUNCIONARIOS PARTICIPANTES	:
ASESOR EN SEGURIDAD	:

I. DESCRIPCION GENERAL DE LA EMPRESA

1.- FUNCION DE LA EMPRESA :

____

____

2.- *ORGANIZACIóN DE LA EMPRESA*

EJECUTIVOS		OPERATIVOS	
EMP. ADMINISTRATIVOS		PLANTA	
OBREROS		EXTERNOS	
CONTRATISTAS		TEMPORALES	

3.- *HORARIOS DE TRABAJO*

HORARIO DIAS	TURNO No 1			TURNO No 2			TURNO No 3		
	DESDE	HASTA	No EMPL	DESDE	HASTA	No EMPL	DESDE	HASTA	No EMPL
LUNES									
MARTES									
MIERC.									
JUEVES									
VIERNES									
SABADO									
DOM/GO									

FESTIV O									

3.- *UBICACIóN AUTORIDADES Y SERVICIOS DE EMERGENCIA*

AUTORIDADES	DIRECCION	TELEFONO
POLICIA		
SIJIN		
DAS		
UNASES /GAULA		
BOMBEROS		
TRANSITO		
ELECTRIFICADORA		
EMPRESA DE GAS		
ACUEDUCTO		
CRUZ ROJA /DEF. CIVIL		
AMBULANCIAS		
CENTROS ASISTENCIALES		
OTROS		

II. TERRENO CIRCUNDANTE

1.-AREA:URBANA_____SUB-URBANA_____RURAL

____

____

____

____

2.- TOPOGRAFÍA : PLANA /MONTAÑOSA /BOSCOSA /SELVATICA /ONDULADA / DECLIVES

____
____
____
____

3.- SISTEMA VIAL : RUTAS DE ACCESO / RUTAS RAPIDAS/ LENTAS/ AUTOPISTAS

____
____
____
____

4.- SERVICIOS PUBLICOS DISPONIBLES : LUZ-AGUA-TELÉFONO-GAS-OTROS-

4.1. UBICACIóN:

____
____
____

4.2 PRESTACIóN DEL SERVICIOS

____
____
____

III. CARACTERISTICAS DEL VECINDARIO

1.- STATUS ECONOMICO: Condiciones de trabajo y salarios / sectores : RESIDENCIAL – INDUSTRIAL – COMERCIAL – BANCARIO – PORTUARIO – AGRICOLA – GANADERO – PETROLERO :

____
____

2.- STATUS SOCIAL : ALTO - MEDIO ALTO – MEDIO – MEDIO BAJO - BAJO

3.- PANORAMA SICOLOGICO : Tendencias e influencias políticas, delincuenciales, subversivas, sindicales

4.- FENOMENOS NATURALES : Riesgos generados por la naturaleza Sismos, inundaciones, avalanchas, terremotos, deslizamientos de tierra, etc.

5.- EXPERIENCIAS DE OTRAS EMPRESAS / OTROS COMENTARIOS :

IV. PERIMETRO

1.- CONSTRUCCIONES DEL PERIMETRO : Edificaciones Dominantes, tipos de construcción, desocupadas, lotes, terrenos baldíos, Construcciones que generen riesgo.

____
____
____
____
_____

2.- BARRERAS PERIMETRICAS : Tipo, altura, material, distancia a la edificación principal, estado, limpieza, mantenimiento, remate final, sistemas electrónicos.

____
____
____
____
_____

3.- PUNTOS CRITICOS DE LA BARRERA: Desechos cerca de la barrera, puntos ciegos, obstáculos, Techos, paredes, árboles cerca de la malla.

____
____
____
____
_____

4.- CONTROLES DE ACCESO :

PORTERIA DE PERSONAL:

UBICACIóN:
IDENTIFICACIóN DE PERSONAS:
SISTEMA DE ACCESO: (Eléctrico – Electrónico – Mecánico)

VISIBILIDAD INTERNA
VISIBILIDAD EXTERNA:
SISTEMAS DE COMUNICACIóN:
AREA DE REQUISA:
EQUIPOS ELECTRóNICOS DE REQUISA Y CONTROL:
SISTEMA DE CONTROL DE PERSONAL:
LIBROS DE CONTROL DE PERSONAL:
LIBROS DE CONTROL DE DOCUMENTOS:
ACCESO A LAPORTERIA:

PORTERIA DE VEHÍCULOS:

UBICACIóN:
IDENTIFICACIóN DE V EHÍCULOS:
SISTEMA DE ACCESO: (Eléctrico – Electrónico – Mecánico)
VISIBILIDAD INTERNA
VISIBILIDAD EXTERNA:
SISTEMAS DE COMUNICACIóN:
AREA DE REQUISA:
EQUIPOS ELECTRóNICOS DE REQUISA:
EQUIPOS MECÁNICOS DE REQUISA:
SISTEMA DE CONTROL VEHICULOS:
LIBROSDECONTROLDEVEHICULOS:

V. INSTALACIONES

GENERAL : Descripción General de la edificación:

1.- TIPO DE CONSTRUCCION : Parte externa de la instalación -Cemento, Ladrillo, tapia pisada, madera, No plantas (pisos), cantidad de edificaciones (principal – aledañas).

____

____

____

2.- CARACTERISTICAS DE LOS PUNTOS ACCESO PRINCIPALES

2.1. PUERTA ENTRADA PRINCIPAL PERSONAS:
MATERIAL: (Madera – Metálica – Vidrio, etc.)
SEGURIDAD: (Reforzada – Rejas – Pasadores- Ojo mágico, alarmas)
CERRADURAS: (Sencilla – Doble)
PIVOTES (BISAGRAS):
MECANISMO DE APERTURA Y CIERRE: (Eléctrico – Electrónico – Mecánico)

____

____

____

PUERTA ENTRADA DE VEHÍCULOS:
1. MATERIAL: (Madera – Metálica – Reja, Portón, etc.)
2. SEGURIDAD: (Reforzada – Cadenas – Candados- Ojo mágico, alarmas)
3. CERRADURAS: (Sencilla – Doble)
4. PIVOTES (BISAGRAS):
5. MECANISMO DE APERTURA Y CIERRE: (Eléctrico – Electrónico – Mecánico)

PARTICULAR: Si la instalación consta de varias edificaciones, se describe en igual de características del punto (1) TIPO DE CONSTRUCCIóN cada edificación y la parte interna se toma dependencia por dependencia (Recepción – Pasillos – Oficinas, etc,)

1. DESCRIPCIóN DE LA DEPENDENCIA:

NOMBRE
UBICACIóN
CARACTERÍSTICAS

2. PUERTA ENTRADA

MATERIAL: (Madera – Metálica – Vidrio, etc.)
SEGURIDAD: (Reforzada – Rejas – Pasadores- Ojo mágico, alarmas)

CERRADURAS: (Sencilla – Doble)
PIVOTES (BISAGRAS):
MECANISMO DE APERTURA Y CIERRE: (Eléctrico – Electrónico – Mecánico)
ESTADO GENERAL

____
____
____
____
____

3. VENTANAS : No. de ventanas, altura, material, cerraduras, protección.
MARCO: (Madera – Metálica – Aluminio, etc.)
MATERIAL: (Madera – Reja – Vidrio, etc.)
ALTURA:
VISIBILIDAD AL INTERIOR Y EXTERIOR
SEGURIDAD: (Reforzada – Rejas – Pasadores, alarmas)
CERRADURAS: (Sencilla – Doble)
PIVOTES (BISAGRAS):
MECANISMO DE APERTURA Y CIERRE: (Eléctrico – Electrónico – Mecánico)
ESTADO GENERAL

____
____
____
____

4. TECHOS :
CARACTERÍSTICA DEL TECHO: (Plancha – Teja, etc,)
CIELO RASO:
SEGURIDAD: (Rejas, varillas, refuerzos, alarmas, etc.)
ALTURA:
TRAGA LUCES
VENTILACIÓN: (Ductos – Aire Acondicionado – Claraboyas)
ESTADO GENERAL

5. ILUMINACION INTERNA :
NATURAL: (Durante el día – Noche)
ARTIFICIAL (Cobertura, sistemas de encendido, controles, estado de las instalaciones)

VI. ILUMINACION PROTECTIVA

1.- BARRERA PERIMETRICA :
Tipo de iluminación(aérea, terrestre)
Alumbrado público
Estado General del alumbrado
Cobertura (total – parcial)
Puntos oscuros
Alumbrado interno

2.- SISTEMAS DE EMERGENCIA : Plantas de energía, capacidad ,encendido, mantenimiento, pruebas.

3.- AREAS ILUMINADAS : Porterías, Parqueaderos, edificaciones, control de áreas aledañas.

____

____

____

4.- SISTEMA DE CONTROL DE LA ILUMINACION : Ubicación, acceso, manejo, seguridad.

____

____

____

B. APLICACION:
El alumno pondrá en aplicación los conocimientos adquiridos para efectuar un estudio del conocimiento del entorno, con base en el formato de un estudio de seguridad que se elaboro para el personal de vigilantes.

CONCLUSIóN

A. COMPROBACIóN:
CUALES SON LOS PASOS PARA ELABORAR UN ESTUDIO DE SEGURIDAD IDENTIFICAR LOS PUNTOS QUE SE DEBEN CONOCER CON RESPECTO A LAS BARRERAS PERIMETRICAS CUALES SON LAS LENEAS DE SEGURIDAD FISICA QUE ASPECTOS DEBE DETERMINAR PARA EL ANÁLISIS DE UN MURO PERIMETRICO EJERCICIO PRACTICO

B. CRITICA:
Se hará por parte de los alumnos y se hará con base en lo EXPLICADO se concluirá por parte del profesor.

C. RESUMEN Y REMOTIVACION:

Se hará un resumen de los objetivos que se buscan en la capacitación y la importancia que estos tienen para el cumplimiento de las funciones del vigilante.

APUNTES DEL PROFESOR

SE RECORDADRA AL ALUMNO LOS CONCEPTOS ESTUDIADOS EN EL CONOCIMIENTO DEL ENTORNO.
LA PROTECCIóN DE INSTALACIONES COMO COMPLEMENTO AL ESTUDIO DE SEGURIDAD.

MEDIDAS DE SEGURIDAD

SE REVISARAN LAS INSTALACIONES Y CONEXIONES ELECTRICAS.
SE REVISARAN LOS PUPITRES Y EL ESTADO DE LOS MISMOS.
SE REVISARAN LOS MATERIALES Y EQUIPOS QUE SE EMPLEARÁN EN LA CLASE

ESTUDIO DE VULNERABILIDADES

ALMACENES ALCOSTO

ANTECEDENTES

Teniendo en cuenta el incremento del índice delincuencial en la zona de Villavicencio la compañía de SEGURIDAD VIGIASER LTDA. Solicitó a este asesor en Seguridad el estudio de probabilidades y vulnerabilidades del almacén ALKOSTO VILLAVICENCIO, al cual se procedió obteniendo los siguientes resultados y dando las recomendaciones a lugar así:

AREA CIRCUNDANTE

Ubicada en un sector comercial con probabilidades de habitat delincuencial alto sobre la zona del río y con factibilidad de ejecución de los actos delictivos como.

ATRACO.

HURTO.

PERDIDA INTERNA.

INCENDIO

El área general se compone de particiones descritas a continuación para su estudio.

1. BARRERA PERIMETRICA.

2. BAHIAS DE PARQUEO.

3. ACCESOS CLIENTES

4. ACCESOS EMPLEADOS.

5. ZONA INTERNA

La intención de el presente estudio es dar a conocer los sectores de alto riesgo dentro y fuera de las instalaciones del almacén ALKOSTO.

1.- En el sector de la barrera perimétrica se observan puntos de fácil acceso y me refiero directamente al área de mayor riesgo ubicada sobre la zona aledaña al río, en este lugar se desarrolló una invasión que por su forma desordenada y construcción habilita el acceso por el sector de las perreras, tanque de agua cubierto con facilidad de escalamiento, se observó la posibilidad de ingreso en dicha zona al área interior del almacén por la vía que conduce de este sector hacia el tanque del agua y por la viga de la marquesina
hacia la parte superior del almacén donde se encuentran mercancías varias como televisores de 20" en sus respectivas cajas; esta zona no tiene rejas en las ventanas, solo existe un recorredor en la noche y la agresividad demostrada por los caninos es incipiente, por su falta de adiestramiento en defensa y ataque lo que posibilita el envenamiento de los caninos.

Esta vulnerabilidad hace blanco fácil de la delincuencia en las horas nocturnas para la penetración de la barrera perimétrica y la comisión del delito.

Se pudo visualizar que a excepción del personal de seguridad armada, muy pocos empleados notaron la presencia de este asesor que al preguntar sobre medidas de seguridad a diferentes empleados daban información sin preguntar, tales como " Esta puerta en la noche la cierran ? Lo que se ve allí es un tanque de agua cubierto ? etc. Este hecho induce la posibilidad que existe poca cultura en contravigilancia por parte del personal de empleados.

No existe sistema de alarma interno y un solo hombre dentro del almacén no es suficiente fuerza protectiva para la zona interna.
Debido a que por la zona enunciada el delincuente puede deslizarse sin ser visto por detrás del estante de las neveras de exhibición, esperando que el interno aparezca para inhabilitarlo y proceder a ejecutar el hurto.

No existe circuito cerrado de televisión en las áreas mas vulnerables, cajas, accesos, parqueaderos, bodega, licores, lácteos.

Las medidas de protección física son mínimas, a excepción de la fuerza de seguridad humano, no existe otro medio que pueda colaborar con la seguridad tanto interna como externa en el almacén.

Las recomendaciones que se entregaran estarán encaminadas hacia reforzar la seguridad con el fin de disuadir a los delincuentes para la comisión de actos delictivos.

CONTROL DEL AREA EXTERIOR

Una vez analizada el área circundante y las vías de acceso se obtuvieron los siguientes resultados:

El control a vehículos de visitantes se realiza mediante ficha de parqueo, una vez ingresado el vehículo o moto, las áreas de parqueo están bien delimitadas en una zona lo suficientemente amplia para la inspección de seguridad.
No existe apoyo de cámaras de monitoreo en el área lo que dificulta la detección de sospechosos en estas áreas.
Los vehículos parquean indiscriminadamente en la posición frontal, lo que impide la pronta evacuación en caso de emergencia.

Una de las áreas vulnerables en estos Hiper almacenes es la zona de parqueo de motos la cual se encuentra resguardada por un vigilante durante las horas de labor del almacén.

En la zona de entrada de peatones se encuentra un vigilante armado en horas laborales, este control facilita el control de sospechosos en el sector de venta de vehículos y motos, se observó una motocicleta en venta sin seguro de timón la que permite un rápido hurto.

En el sector del área de administración únicamente existe control interno de acceso.

Puerta de blindaje al parecer de nivel tres y ventana de recibo, sin ventanilla para correspondencia lo que permite el riesgo en el recibo de la misma, citófono.

Ventana con reja de escalón.
No existe la presencia de guarda armado en la zona en el día lo que permite que delincuentes se oculten en el área de vestier aledaña a la administración en espera de la apertura de la puerta para asaltar y cometer la felonía.
No existe circuito cerrado de televisión en el áreas.
La barrera perimétrica es muy baja y su protección de alambre de púas inútil pues presenta un vacío entre la reja y su primera cuerda de aproximadamente de 30 cms y un punto muerto a la observación desde el interior en la parte trasera de los vestiers.

7.- En la zona perimétrica de la zona hacia el ría se encontró la facilidad de escalamiento debido a que las construcciones de invasión al respaldo se encuentran a tan solo 1,20 aproximadamente del coronamiento de la misma, ausencia de circuito cerrado de televisión o fotoeléctricos que detecten la intrusión.

ESTA ZONA LA DENOMINARE " ZONA UNO DE INTRUSIóN "

8.- El área de recepción de mercancías_consta de una bahía de maniobras, un enmallado de alambre tejido y una puerta de acceso a la zona de descargue, esta se encuentra elevada sobre un sótano que puede permitir el ocultamiento de delincuentes bajo la rampa y la comisión de un asalto diurno o una intrusión nocturna.
Una puerta de reja para el acceso de vehículos pesados.
Una portería vigilada por hombre armado las 24 horas.
No existe cámara de monitoreo en la zona.
Se encuentra un acceso desde la bahía de visitantes por una reja con puerta peatonal abierta muy baja lo que permite la intrusión de personas no autorizadas a la zona.

RECOMENDACIONES AREA EXTERIOR.

UBICACIóN DE DOS CÁMARAS DE MONITOREO EN LA BAHÍA DE PARQUÉO. (VER PLANO CAMARAS 1 Y 2)
UNA CAMARA DE VIDEO EN LA ZONA DE ACCESO PEATONAL QUE CUBRIRÁ EL SECTOR DE VENTA DE VEHICULOS. (CAMARA 3)
UBICACIóN DE CAMARA DE VIDEO EN LA ZONA DE ADMINISTRACION (CAMARA 4)
REFUERZO DE LA SEGURIDAD NOCTURNA CON UNA PATRULLA DOBLE DE VIGILANCIA ARMADA EN LA ZONA A LA INVASION (PAT 1)
UBICACIóN CAMARA EN ZONA DE DESCARGUE DE MERCANCIAS (CAMARA 5)

CONTROL DEL AREA INTERIOR

En el área interior del almacén se encuentran desprotegidas las zonas de mayor pérdida comprobada por delincuencia, tales como:

LICORES.
LACTEOS.
ACCESOS.

CAJAS.

RECOMENDACIONES

UBICACIóN DE CAMARA EN LA ZONA DE BODEGA (CAMARA 6).
UBICACIóN CAMARA LICORES (CAMARA 7)
UBICACIóN CAMARA NEVERA LACTEOS (CAMARA 8)
UBICACIóN CAMARA Y MONITOR ACCESO VISITANTES (CAMARA 9).

1. UBICACIóN CAMARA EN CAJAS (CAMARA 10).

Los anteriores sistemas deben estar permanentemente monitoreados desde un área de máxima seguridad ubicada por recomendación en la zona de administración en cuarto independiente con protección exclusiva.

Los equipos que pueden ser adquiridos podrán ser modificados a solicitud del almacén y constarán de sistemas sencillos que en el comercio se hallan en diferentes calidades y precios para este evento este asesor recomienda.

Stanley www.stanley.com.co.
E - MAIL STANLEY ARROBA VENUS.INTERPLA.NET.CO.
TRANSVERSAL 16 No 114 - 77 PBX (91) 620 80 55.
FAX 2 13 94 75 EN SANTA FE DE BOGOTA.

AZ SEGURIDAD Y EQUIPOS.
E - mail: azseguri. Arroba. Openway.com.co
Calle 67 No 13 - 45 fax 2 10 38 12.
Tel. 210 38 28 - 2 10 26 24 SANTA FE DE BOGOTA.

2. CONTROL EN SITUACIONES DE EMERGENCIA

En la inspección de los equipos de extinción de incendios se observaron las siguientes anormalidades.

Los equipos de extinción tipo ABC, se encuentran en un 90 % con fecha de cargue vencida.
La pintura de los mismos no corresponde a la estandarización de los equipos los cuales deben ser de color amarillo para los componentes ABC.
No se encuentran extintores de agua a presión en las zonas de acumulación de cartones y telas.
En las áreas de sistemas se observó
En la zona de cajas no existe extintor de SOLKAFLAM 123 El cual no daña los equipos de sistemas en una eventual conflagración, protegiendo la información y la estructura de los equipos de computadores.
No existe equipo de SOLKAFLAM en el área de contabilidad en la bodega.
En la zona de caja de droguería y alternas no existe el equipo de SOLKAFLAM 123, en su defecto hay un extintor tipo BC en pésimas condiciones de mantenimiento.
No existe extintor visible tipo ABC en la zona de las neveras en bodega donde se encuentran los tacos del sistema eléctrico.
Los gabinetes en su gran mayoría requieren de mantenimiento preventivo con el fin de evitar la oxidación de las roscas de las mangueras.
Existen mercancías a una gran altura que por su peso en un supuesto movimiento telúrico causarían grave lesión a los visitantes y empleados del lugar.
No hay señalización preventiva de rutas de evacuación seguras.
Las rutas obligadas de montacargas no se encuentran señalizadas.
Las exclusas aunque son disuasivas para los delincuentes imposibilitan una salida rápida hacia las áreas de reunión.

3. El PROGRAMA AEP

Segmentar el esfuerzo preventivo por áreas es una buena herramienta de la administración. Las fallas a menudo se presentan en la ejecución de un plan se deben a falta de claridad en la organización o en el planeamiento

del esfuerzo y, muchas veces, a que el personal asignado al programa se ocupa o se asigna a menesteres diferentes al de prevención, esto es solucionable incorporando " UN JEFE DE SEGURIDAD CAPACITADO PARA ESTA DIFICIL LABOR "
El programa AEP implica designar áreas de atención y responsabilidad. En grandes negocios una persona atenderá el área este programa se denomina AREAS ESPECIFICAS DE PREVENCION Y CONTROL DE PERDIDAS (AEP).

Recomendación

Contratar mediante personal capacitado un estudio de AEP para almacenes Alkosto.

El AEP incluirá el estudio pormenorizado de:

AEP 1 seguridad física.
Seleccionar y monitorear los sistemas de alarmas.
Mantener el control de las llaves de toda la instalación.
Supervisar la barrera perimetral.
Control de parqueaderos.
Vulnerabilidades.

AEP 2 Control interior.

El jefe de seguridad deberá mantener el control de:
Personal de civil y uniformado.
Sistemas internos de alarma.
Revisión de áreas comunes.
Verificar las normas de control industrial.

AEP 3 Control de empleados.

Desarrollar la cultura en seguridad.
Controlar las compras autorizadas al personal de empleados.
Tomar medidas preventivas en el daño, destrucción y pérdidas de mercancías.
Controlar la entrada y salida de vehículos.

AEP 4 Control de procedimientos.

Recepción de mercancías, retiros de bodega.
Marcación, tarjetas, tiquetes y stickers.

AEP 5 Control de efectivos

AEP 6 control de procedimientos de caja.

4. RECOMENDACIONES EN EL CONTROL DE CAJAS

El objetivo preventivo de las cajas es evitar que se produzcan pérdidas debidos a la acción u omisión de las cajeras.

Las faltas mas comunes en este tipo de ejercicio radican en situaciones que aunque pueden no estar presentándose en su almacén se han detectado en otros:

No registran las ventas y guardan el dinero.
Registran las ventas por un valor menor caso detectado el almacenes CAFAM la cajera adhiere a su puño un código de barras y le hace dar lectura por un producto de mayor cuantía, el cómplice (supuesto comprador) recibe su mercancía y se retira del lugar con un queso de $

10.000 en valor comercial y que fue registrado con un código de barras similar pero de $1.000 únicamente, este sistema de robo continuado se ha convertido en el desangre mayor en los HIPERMERCADOS.

Un queso diario $ 8.000 en perdidas promedio, pero si este queso sale 4 veces del supermercado diario, estarán presentandose pérdidas de $ 32.000 diarios que en un año de 365 días registrara pérdidas para el almacén de $ 11'680.000

La complicidad en estos casos puede darse a conocer por medio de cámaras de vídeo o personal en cubierta, los estudios de seguridad personal deben ser de mayor atención por parte del departamento de seguridad.
Como medidas preventivas para evitar los fraudes por parte de las cajeras se pueden tomar algunas de las siguientes recomendaciones.

INFORMAR A LOS CLIENTES QUE GUARDEN SUS RECIBOS QUE ESTOS SERAN REVISADOS.
COSER LAS BOLSAS Y NO PERMITIR EL REINGRESO CON ELLAS AL ALMACEN.
ESTAMPAR EL CODIGO DE BARRAS DE SEGURIDAD EN LOS RECIBOS DE CAJA PARA POSTERIOR VERIFICACION.
LOS UNIFORMES DE LAS CAJERAS NO DEBEN TENER MAS DE DOS BOLSILLOS EN LO POSIBLE ELIMINARLOS.
PROHIBIR AL PERSONAL DE CAJA GUARDAR OBJETOS O BOLSAS EN LAS CAJAS.
PROGRAMAR AUDITORIAS SORPRESA.

5. PRACTICAS PARA PREVENIR Y REDUCIR LAS PERDIDAS.

Almacenes ALKOSTO cumple con la infraestructura interior adecuada para este tipo de comercio los experimentados en la materia aseguran que se deben planear los detalles de construcción y organización que disminuyen las perdidas y permiten el control, tales condiciones son.

AREA CENTRAL DE REGISTRADORAS .
CENTRO DE EMPAQUE UNICO.
CENTRO DE DEVOLUCIONES, CAMBIOS Y REEMBOLSOS (Es aconsejable en el exterior del almacén).
SERVICIO DE DESPACHOS.
CUARTOS DE TRABAJO O REPARACIONES.
ENTRADAS Y SALIDAS APARTE.
TENER UN SOLO PISO.
UNA BODEGA CENTRAL.
CUARTOS DE ENTALLADO O VESTUARIO.
VESTIERS EMPLEADOS LEJANOS AL AREA DE COMECIALIZACION.
CAFETERIA DE EMPLEADOS.

En estos campos este almacén cumple con las normas de seguridad físicas y de control interno mínimas establecidas.

6. RECOMENDACIONES EN LA LUCHA CONTRA EL ROBO

Políticas de la empresa.

Anunciar y adelantar una vigorosa campaña contra todo tipo de sustractores o ladrones.
Entrevistar a los sustractores para aprender de sus técnicas, aclarar sus motivos y descubrir nuestras debilidades.

Establecer un mínimo indispensable de puertas.
Asegurar los vestieres y cuartos de entallado de prendas.
Establecer programas de recompensa para empleados.
Solicitar a los clientes acceder al chequeo del contenido de paquetes por el personal de seguridad.
Prohibir el ingreso con cheques para bebé. Destinar un sitio vigilado para guardarlos.

Canalizar a la clientela usando puertas giratorias.
Escoltar a menores y sospechosos hasta la salida.
Establecer los reintegros de dinero por correo.
Mantener buenas relaciones con la policía y con las autoridades de justicia.
Participar en campañas moralizantes lideradas por la competencia.
Organizar asociaciones de protección mutua.
Capacitar en materias de prevención a todo el personal, en todos los niveles, con énfasis en los cuadros directivos.

RECOMENDACIONES anti-robo

sellar segura y completamente las bolsas.
Identificar plenamente con una señal las mercancías vendidas. Y pagadas.
Asegurar los tiquetes con gancho o pegante para evitar el cambio.
Usar el máximo los espejos convexos o granangulares.
Usar activadores de alarma en todas las mercancías de valor.
Usar vitrinas con vidrio de seguridad, con cerradura, candado o chapa y alarma.
Fotografiar los reintegros de dinero en efectivo.
Distinguir a los dependientes con uniforme y una identificación tipo divisa o escarapela.
Alarmar las puertas que no están en uso.
Colocar avisos de disuasión, p. e este almacén está equipado con cámaras de videograbación.
Asegurar la mercancía a los estantes.
Instalar ojos mágicos en los vestiers o cuartos de entallado de prendas.
Usar la radiocomunicación entre los diferentes puestos de vigilancia.
Con alguna frecuencia utilizar el sistema de altavoces para enviar mensajes de prevención.
Ordenar fabricar las bolsas que se entregan a la clientela de material transparente.

GERENCIA DE LA SEGURIDAD

Gerenciar es una actividad de orden que debe garantizar:
Determinar los resultados de la organización.
2. Como debe ser el desempeño en conjunto.
3. Organizar los recursos para asegurar los resultados internos y externos.

La Gerencia permite mantener el control de la organización, regulando factores internos y externos.

Administrar es una práctica o disciplina desarrollada para manejar recursos en procura de resultados.
La Administración califica como:
Herramientas
Función
Instrumento

CONCEPTOS

Seguridad es el conjunto de medidas que se requieren para: identificar, retardar, prevenir, evitar y/o afrontar el riesgo.

Estas medidas pueden ser proactivas o reactivas.
La Seguridad pretende minimizar el riesgo y/o atenuar el impacto.

Riesgo.

Es todo lo que podría suceder y si pasa causa daño.
Tiene origen en causas fortuitas o delictivas.

Amenaza

Es la acción de un agente de riesgo que puede materializar el daño.

Vulnerabilidad

Son las condiciones relacionadas con la Seguridad, que determinan el grado de amenaza.

FUNDAMENTOS DE LA SEGURIDAD

El objetivo de la seguridad es minimizar la posibilidad de ocurrencia.

Características de la seguridad como proceso:

1. Su objetivo resolver
2. Es auto-controlado
3. Se retroalimenta
4. Permite ajustes
5. Admite consultas de tipo costo – beneficio.

La Gerencia determina cuantitativamente:

Política de seguridad: es un compromiso gerencial de la organización
El nivel de riesgo que pretende asumir.

1. La cantidad de presupuesto destinado a seguridad.
Igualmente debe orientar cualitativamente el como se manejan los riesgos. (ie. Pólizas vs Servicios Seguridad)

2. Identificación y análisis del riesgo.
Mediante la observación de la realidad y la consulta de bases de datos, se elabora una relación de riesgos.

Para analizar considere: estadísticas, antecedentes, condiciones de tiempo,lugares etc...

Determine las probabilidades de ocurrencia y nivel de incidencia, seleccione cuales se manejan y cuales se ignoran

3. Determinación de vulnerabilidad.
Emplear una conocida herramienta llamada Estudio de Seguridad. Mediante la observación y análisis del entorno, los procesos, los comportamientos etc..., se detectan fallas que faciliten la amenaza.

4. Manejo de la información.
Seleccione fuentes de datos útiles, recolecte los que sirvan, analice los datos y procese los mismos para producir información oportunamente.

La información soporta la gestión gerencial o administrativa, permitiendo elaborar apreciaciones acertadas y/o recomendaciones.

5. Fuerzas de Seguridad.
Es el conjunto balanceado del recurso humano, que esta equipado y debidamente entrenado para ejercer funciones de protección, supervisión o vigilancia.

6. Conciencia de Seguridad.
Es el convencimiento personal que cada uno demuestra, al respaldar las medidas tomadas para el manejo del riesgo.

7. Control para un mejoramiento continuo como la seguridad es un proceso, regulado por la formula PHVA o Ciclo de mejoramiento continuo (Planear, Hacer, Verificar y Actuar) .

Todo lo que se mide se puede controlar y es posible de ajustar.

PLANEACION DE EMERGENCIAS

OBJETIVOS DEL PLAN DE EMERGENCIAS

a. Protección de las vidas

b. Protección de la propiedad

c. Restauración de las actividades y operación normal

PELIGROS QUE AMENAZAN LAS INSTALACIONES

a. Fuego

b. Explosión

c. Amenaza de bomba

d. Disputa laboral (Paros)

PUNTOS CLAVE EN UN PLAN DE EMERGENCIAS

a. Política

b. Determinación del riesgo frente al peligro involucrado

c. Estructura de la organización de emergencia

d. Descripción y detalles relacionados con las instalaciones de emergencia

e. Listado de equipos y suministros de emergencia

f. Listado de convenios de asistencia mutua (Grupos de Apoyo)

g. Procedimientos de término

h. Procedimientos de evacuación

LIDERAZGO EN EL PLAN DE EMERGENCIAS

El liderazgo y la dirección son elementos prioritarios en la conducción exitosa de un programa de emergencia.

El Director de Seguridad no sólo debiera estar involucrado en la planificación de la emergencia, sino que normalmente, la organización de la misma se constituye en torno a fuerza de seguridad.

CARACTERÍSTICAS DEL DIRECTOR DE EMERGENCIAS

a. Debe ser un miembro del primer nivel de la Administración

b. Es responsable por la coordinación con agencias externas o compañías colaboradoras.

c. Tendrá la autoridad para declarar un estado de emergencia

RESPONSABILIDADES DEL JEFE DE EMERGENCIAS

a. Clasificar la emergencia y la acción inicial

b. Activar el equipo deemergencia

c. Ordenar el cierre

d. Ordenar la evacuación

e. Hacer los anuncios de la emergencia

f. Solicitar la ayuda mutua

g. Coordinar las acciones de emergencia

RESPONSABILIDADES CLAVES DE LA SEGURIDAD

a. Control de acceso

b. Control de tráfico ypeatonal

c. Protección de vidas

d. Protección de propiedad

e. Prevención de robo

f. Control de evacuación

g. Asistencia de primeros auxilios y rescate

h. Protección de información vital

i. Control de áreas peligrosas

j. Combate de incendios

k. Establecimiento de las comunicaciones con las agencias externas

IMPLEMENTACIÓN DEL PLAN DE EMERGENCIAS

Cada compañía industrial, sin importar su tamaño, debe establecer una organización interna capaz de proteger la vida y la propiedad durante el tiempo de cualquier emergencia.

El primer paso al establecer una capacidad de emergencia (Reacción) dentro de una instalación, debe ser asignar un coordinador de emergencias en el ámbito corporativo

RESPONSABILIDADES COORDINADOR DE EMERGENCIAS

a. Crear la organización de emergencia

b. Desarrollar los planes de emergencia

c. Tomar las medidas preparativas

d. Supervisar el reclutamiento y entrenamiento del personal

ELEMENTOS Y ANEXOS DEL PLAN DE EMERGENCIAS

Elementos:

a. Autoridad
b. Tipos de emergencia

c. Plan de ejecución

Anexos:

a. Planos
b. Diagramas de procedimientos
c. Lista de llamados
d. Listado de recursos locales
e. Convenios de ayuda mutua
f. Glosario de términos
g. Una lista completa de chequeo para el cierre por emergencia y control de desastres.
h. Planes de entrenamiento del personal para implementar los procedimientos de cierres por emergencia.
i. Técnicas y el control para minimizar la pérdida de la propiedad durante un desastre

CONSIDERACCIONES ESPECIALES

Los nuevos empleados debieran ser informados de la existencia de un plan de desastre, tan pronto inicien su carrera en la Compañía

"Registros vitales " son aquellos necesarios para la subsistencia del negocio de la empresa.

Los siguientes registros son considerados fundamentalmente necesarios para cualquiera organización corporativa:

a. Certificado de constitución

b. Reglamentos

c. Libro de actas de Accionistas

d. Libro de actas de Directores

e. Minutas

f. Algunos registros financieros corporativos

El plan de protección de registros vitales deberá ser probado al menos una vez al año.

Las pruebas de los programas de registros vitales sirven para verificar que los registros necesarios después de cada desastre son:

a. Actuales

b. Suficientemente protegidos contra desastres naturales, detonaciones nucleares y otros peligros

c. Recuperables según sea necesario en forma utilizable

TIPOS DE EMERGENCIAS

a. Incendios forestales

b. Huracanes

c. Inundaciones
d. Tornados

e. Tormentas de invierno

f. Terremotos

HURACANES E INUNDACIONES

La Agencia responsable de notificar las advertencias cuando aparece un huracán que pueda amenazar el territorio norteamericano es el "National Weather Service" (Servicio Nacional de Metereología)

La planificación de control de inundaciones debiera ser coordinada con el "U.S.Army Corp Of Engineers" (Cuerpo de Ingenieros del Ejército).

TORNADOS

Los tornados son tormentas violentas con vientos que pueden alcanzar entre las 200 y las 400 MPH. El ancho de un tornado fluctúa entre las 200 yardas a 1 milla y viaja entre 5 y 30 millas a lo largo de las superficies a una velocidad de entre 30 y 70 MPH

TERREMOTOS

Durante el movimiento de un terremoto los empleados deber ser advertidos de lo siguiente:

a. Manténgase en el interior si ya está en el lugar

b. Cúbrase bajo mobiliario o estructura firme

c. Manténgase cerca del centro de la edificación

d. Aléjese de ventanas de vidrios y puertas

e. No corra a través de edificaciones donde exista un riesgo o peligro de la caída de desperdicios

DESASTRES PROVOCADOS POR EL HOMBRE

a. Incendio de plantas

b. Accidentes químicos

c. Accidentes de transporte

d. Demostraciones públicas o disturbios callejeros

e. Amenazas de bomba

f. Sabotaje

g. Accidentes radiológicos

h. Ataques nucleares

i. Huelgas o disturbios laborales

INCENDIO DE PLANTAS

El aspecto más importante de los planes para paliar los incendios de planta es el desarrollo de los "convenios de ayuda mutua"

La necesidad individual más importante para combatir los incendios de planta no es el recurso humano o los equipos, sino la habilidad para responder rápidamente y confinar el fuego a límites manejables.

ACCIDENTES QUÍMICOS Y DE TRANSPORTE

El Departamento de Transporte de los Estados Unidos es responsable de regular el movimiento de materiales peligrosos.

Todos los químicos peligrosos transportados interestatalmente deben ser apropiadamente etiquetados para su identificación y cuidado.

Sin importar el tipo de accidente de transporte, la primera consideración debe ser la de salvar vidas.

DISTURBIOS CALLEJEROS

Usualmente las emergencias que resultan de demostraciones públicas o disturbios callejeros son aquellas que pueden ser observadas y planificadas en cierto grado a manera de adoptar las medidas de control.

SABOTAJE

Los métodos de sabotaje pueden ser identificados como:

a. Químicos

b. Eléctricos o electrónicos

c. Explosivos

d. Incendiarios

e. Mecánicos

f. Psicológicos

ACCIDENTES RADIOLóGICOS

Una proporción importante de la energía nuclear en una explosión es emitida en la forma de luz y calor, generalmente referido como radiación térmica

Una detonación nuclear produce un pulso electromagnético (EMP) algunas veces llamado "destello de radio" que puede afectar grandes superficies. Este pulso es fácilmente atraído por material conductivo, dañando cualquier equipo eléctrico o electrónico conectado a dicho material.

ATAQUE NUCLEAR

Las partículas de desintegración de una explosión nuclear emiten principalmente radiaciones Alfa, Beta y Gamma. La radiación Gamma es la de mayor preocupación, puesto que no puede ser detectada por ninguno de los sentidos humanos, es altamente penetrante y dañina para las células vivas.

AMENAZA DE BOMBA

La experiencia muestra que el 95 % de todas las amenazas escritas o telefónicas son falsas. Sólo un 5% de ellas es real, conocido como la regla del 5%.

ACCIONES A SEGUIR POR AMENAZA DE BOMBA

a. Mantenga la línea libre

b. Solicite al amenazante indicarles la ubicación de la bomba y el momento o la hora en que esta detonará.

c. Características peculiares en la voz del amenazante

d. Registre el tiempo exacto de la conversación

e. Notifique al Departamento de Seguridad como también a las Agencias respectivas

EVACUACIONES POR AMENAZA DE BOMBA

La decisión de evacuar un edificio frente a una amenaza de bomba debiera ser tomada por un miembro senior de la Administración o por el Gerente de la Planta

Dos factores que juegan un rol principal en la decisión de evacuar son:

a. Si la bomba sospechosa ha sido efectivamente ubicada

b. Si hay alguna otra evidencia apremiante que haga pensar en la validez de la amenaza.

CONSIDERACIONES ADICIONALES

a. El Gerente de Planta debe adoptar la decisión de quién debe efectuar la búsqueda de la bomba.

b. Si la amenaza ocurre durante horario de oficina, el área deberá ser inspeccionada por los empleados correspondientes a ese sector

c. Cuando el objeto sospechoso es identificado no debe ser tocado, excepto por aquellos especialmente capacitados en procedimientos de disposición de bombas

d. Al encontrar un objeto sospechoso, el área debe ser evacuada dentro de un área mínima de 300 a 400 pies en todas sus direcciones.

PREPARACION CIVIL

Para efectuar una advertencia con respecto a un ataque extranjero, el Estado Federal y los Gobiernos locales mantienen un sistema nacional de advertencia

El Centro de Advertencia Nacional está ubicado en el Comando Norteamericano de Defensa Aérea (NORAD), en Colorado Springs, Colorado

El sistema de irradiación de emergencia "Emergency Broadcast System (EBS) está compuesto por estaciones de radio y televisión gubernamentales y está diseñado para transmitir mensajes presidenciales de emergencia o información y noticias nacionales estatales o locales, información e instrucciones al público en un amplio rango de contingencias de emergencia.

HUELGAS

Una de las decisiones tempranas más importantes a llevar a cabo por la administración es el cierre o la continuidad de las operaciones.

Si el cierre es iniciado, la fuerza de seguridad será requerida para la protección de la propiedad.

Si la planta permanece abierta durante la huelga, los siguientes puntos serán importantes de considerar:

a. El Sindicato y sus miembros están protegidos por la ley federal

b. La compañía no puede comprometerse en actividades para romper la huelga.

c. La Junta Nacional de Relaciones Laborales proporcionará árbitros independientes para observar las actividades en ambos lados.

d. El oficial de seguridad debe mantener una postura profesional e imparcial durante la huelga

TERRORISMO

Hay dos categorías generales de secuestro, como una forma de terrorismo

1. Político
2. Criminal

La mejor forma de determinar si un rehén está con vida es la comunicación directa

La práctica terrorista más común es la bomba.

Algunos aspectos principales con respecto a las cartas bomba son:

a. Normalmente será dirigida a una persona individualizada

b. El consignatario normalmente será un personero conocido públicamente

c. La carta será más grande, más pesada o más gruesa que la típica carta de negocios.

d. No mostrará remitente o indicará una dirección ficticia

PROTECCION CONTRA INCENDIOS

Los cuatro componentes del fuego son: temperatura, combustible, oxígeno y una reacción química

Varios subproductos acompañan el fuego

a. Humo

b. Gases

c. Calor otemperatura

d.. Expansión degases

CLASIFICACIÓN DEL FUEGO

Clase A Fuego normalmente presente en materiales combustibles, como desechos de papel, alfombras, cortinas y mobiliario

Clase B Este corresponde a un fuego alimentado por combustibles como gasolina, grasa, aceite o fluidos volátiles

Clase C Incendios eléctricos

Clase D fuegos que involucran metales combustibles como magnesio, sodio y potasio

Agentes de extinción para las cuatro clases de fuego:

a. Clase A extinguido por agua

b. Clase B CO2

c. Clase C Un agente extintor no conductivo

d. Clase D Extinción por polvo seco

TIPOS DE EXTINTORES

a. Soda y ácido efectivo en fuegos clase A (Triángulo verde)

b. Polvo seco Generalmente utilizado para fuegos clase B (cuadrado rojo)

c. Polvo seco efectivo para los fuegos de clase D (estrella amarilla)

d. CO2 generalmente utilizados para fuegos clase C (circulo azul)

e. Neblina de fuego muy efectivo para incendios tipo A y B

ETAPAS DEL FUEGO

a. Etapa incipiente, sin humo

b. Etapa de arder, iniciación de humo

c. Etapa de llama, en esta etapa se hace visible la llama

d. Etapa de calor, el calor se intensifica y crece

El sistema automático de Springkler normalmente se activa al derretirse un sello de metal que libera la cabeza de la válvula y permite la salida del sistema de agua.

MANEJO DE INCENDIOS

a. El fuego debiera ser informado en forma inmediata y posteriormente intentar las acciones de extinción

b. El sistema de alarmas debiera ser exhaustivamente explicado

c. Evitar el pánico

d. Los ascensores nunca deben ser utilizados

e. Nunca abra una puerta "caliente"

Si la posibilidad de escape es imposible las siguientes acciones deben ser adoptadas:

1) Retírese lo más lejos posible del fuego

2) Ubíquese en un área cuyo perímetro tenga puertas sólidas

3) Retire rápidamente todo el material inflamable del área del fuego

4) Abra las ventanas superiores e inferiores

5) Manténgase recostado en el suelo

6) Alerte a los bomberos colgando algún material visible en las ventanas

La mayoría de las fatalidades son causadas por gases tóxicos más que por llamas.

La mayoría de las causas de muerte causadas por el fuego en un edificio son:

a. Gases tóxicos

b. Humo

c. Altas temperaturas

d. CO^2

e. Pánico y acciones resultantes

f. El fuego en sí mismo

Un sistema Springkler consiste de los siguientes elementos:

a. Suministro de agua

b. Unidades de activación por fuego (cabezas)

c. Válvulas de control de agua

d. Mecanismo audibles para activar el sistema de alarma

La mayoría de los Springkler operarán a temperaturas entre 130º y 165º F.

CONTROLES FEDERALES DE MANEJO DE EMERGENCIAS

AGENCIA FEDERAL DE ADMINISTACION DE EMERGENCIAS (FEMA)

Tiene la responsabilidad prioritaria de manejar la planificación de desastres. Tiene identificadas las áreas de alto riesgo de los Estados Unidos para proporcionar a los organismos oficiales, federales y estatales, las bases para planificar los programas de alerta civil diseñados para la supervivencia ante posibles ataques nucleares.

Algunas funciones de FEMA son:

a. Coordinar las actividades de preparación para responder a crisis nacionales, incluyendo ataques nucleares

b. Coordinación del sistema de alerta para enfrentar desastres naturales y ataques nucleares

c. Desarrollo de las políticas y supervisión del sistema de irradiación de emergencias.

d. Coordinación de la planificación preparativa para reducir las consecuencias de incidentes terroristas mayores dentro de los Estados Unidos

ACTA DE SEGURIDAD Y SALUD OCUPACIONAL (OSHA)

El acta de seguridad y salud ocupacional (OSHA) se convirtió en ley en Diciembre de 1970 y se hizo efectiva el 28 de Abril de 1971. La responsabilidad primaria para la administración de esta acta depende del Departamento del Trabajo.

El propósito general de la OSHA es suministrar condiciones de trabajo sanas y seguras para los trabajadores

INSPECCIONES DE LA OSHA

a. Catástrofes e incidentes resultantes en fatalidades de 3 o más casos hospitalarios.

b. Reclamo de trabajadores

c. Industrias con un alto grado de daños y peligros a la salud

d. Inspecciones rutinarias aleatorias

Todas las actividades comerciales están obligadas por la OSHA a tener una persona capacitada y disponible para la prestación de primeros auxilios.

Si el empleador falla en adoptar medidas para corregir la infracción dentro del período de tiempo prescrito, puede ser sancionado con una multa de no más de US$ 7.000 por cada día en que la infracción continúe.

Todas las infracciones a las reglas de la OSHA cometidas por los empleados son de responsabilidad del empleador, más que de los trabajadores mismos. Las multas o penalidades propuestas asociadas con los diferentes tipos de infracción fluctúan entre valores ajustables entre los US$ 7.000 y los US$ 500.000 por infracción incluyendo la privación de la libertad (prisión).

INSUMOS PARA IMPLEMETAR UN DESARROLLO ESTRATÉGICO EMPRESARIAL

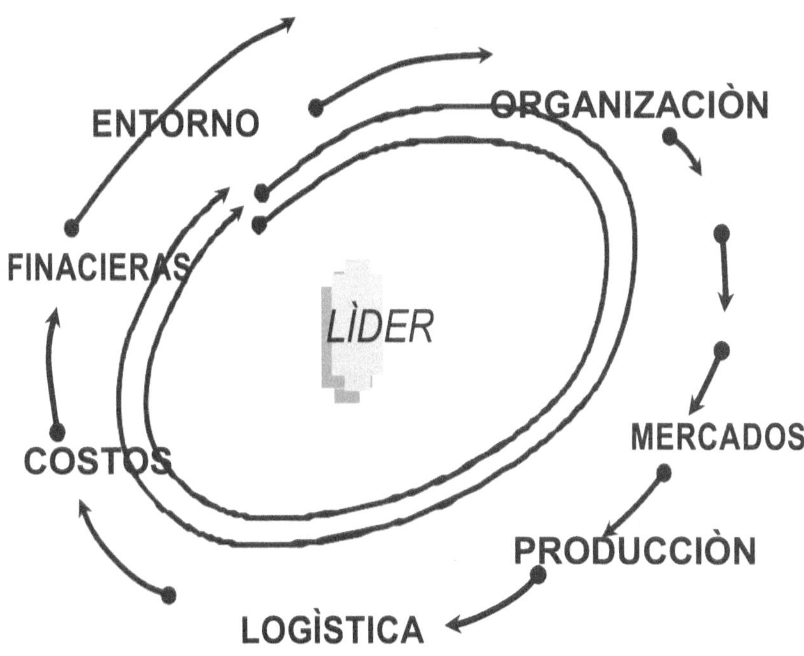

ORGANIZACIÒN

Significado: Enfoque y proyecto de empresa.

Implementación: A partir del contacto con el mercado potencial, se listan las expectativas que según el conocimiento de la empresa resultan ser las más relevantes de considerar.

PRODUCTOS

Significado: Lo que hace competitiva a la marca. y agrega valor a su portafolio.

Implementación: Detectar y desarrollar estratégicamente uno a uno los satisfactores para adaptar los programas a las expectativas del Mercado.

TECNOLOGÌA

Significado: La ambición de competir con estándares internacionales y adaptación e innovación.

Implementación: Integración mejoras y generación de valor. Atención a plenitud de los diversos nichos. Ordenar en un sistema de conocimiento de mercadeo para enfocarlas estrategias.

MERCADOS

Significado. El análisis y la creación de procesos de aproximación al mercado actual y potencial potencial.

Implementación: Evaluación de la información y formulación de estrategias particulares para los nichos definidos.

PRODUCTOS

Significado: Fuerza y dominio de las marcas. Valor para la empresa y para el mercado.

Implementación: Inteligencia para detectar o crear satisfactores con diferenciales y VAP. Priorización del portafolio

LOGÌSTICA

Significado: Conocimiento de los actores incidentales del negocio. Los canales para alcanzar el mercado potencial

Implementación: Análisis de efectividad esperada y conveniencia estratégica según los nichos definidos.

COSTOS

Significado: Peso especifico de las actividades organizacionales; desde la estructura de K – Factor H

Implementación: Orientación a la generación de valor; < tiempo

FINANCIERO

Significado: Recursos requeridos para desarrollar cada proyecto y su impacto.

Implementación: Optimización de inversión con base en la efectividad. Generación de valor para el accionista, para el cliente y para la marca.

ENTORNO

Significado: Análisis comparativo de estrategias y mercados foráneos. Tendencias

Implementación: Nuevos espacios de desarrollo empresarial. Ensanchamiento sin perder el Norte Estrategias pioneras

TRABAJO EN EQUIPO

El Vigilante r es una persona revestida de autoridad. Esta autoridad proviene de tres vertientes.

Su calidad humana que lo debe llevar a convertirse en guía, orientador, ejemplo y compañero.
Las funciones de vigilancia y control que le han sido asignadas por la empresa por razón de sucargo.
El mayor o menor grado de delegación que le haya sido otorgado por la Empresa, el ususario y por el supervisor directamente.

El Vigilante ejerce su función en base a la normas legales y en especial a las necesidades del puesto, recibiendo órdenes. La orden es la esencia de su trabajo. Una buena orden debe basarse en los siguientes conceptos:

UNA ORDEN CORRECTA DEBE SER

Clara, precisa y concisa
Breve, entendible y bien entendida
Lícita y de posible realización.
Ante todo, debe ser oportuna, y lo más importante verificar si se cumplió.

Las normas buscan orientar el trabajo de Vigilancia con el fin de lograr la prestación eficiente del servicio y brindar al usuario una excelente cobertura sobre las instalaciones y bienes puestos bajo el cuidado del vigilante. Estas normas tienen plena vigencia en cualquier lugar y circunstancia objeto del servicio y su estricta observancia permitirá al vigilante desempeñarse con eficiencia y profesionalismo.

-Resaltar a los Estudiantes la importancia de las buenas relaciones humanas, para desempeñar adecuadamente su labor como vigilantes.

- Mediante la reflexión (solo por hoy) se habla de la importancia que tiene la actitud y la aptitud para desempeñar cualquier tipo de labor.

Aptitud: Conocimientos y condiciones físicas e intelectuales para desempeñar una labor.

Actitud: Expresión de los sentimientos y pensamientos frente a la labor.

Es importante resaltar que en las relaciones humanas dentro de del trabajo de vigilante es muy importante la actitud.

Relaciones humanas: es la interacción de ideas, pensamientos, afectos, valores, normas entre 2 o más personas.

→ Relaciones con la sociedad (clientes)
→ Relaciones con la empresa
→ Relaciones con los compañeros
→ Relaciones con su Familia
→ Relaciones consigo mismo

* Las Relaciones humanas se dan a través de:

LENGUAJE VERBAL

Las malas o buenas palabras
Dar gracias
Saludar,
ser cortes Dirigirse con respeto a las demás Personas.

LENGUAJE NO VERBAL

Malacaraobuenacara Expresión decansancio
buen humor

Promover la reflexión e interiorización personal sobre la importancia de una conducta asertiva en las relaciones humanas.

- se realiza la dinámica (el carro de mi vida) importante para el área de formación integral de la persona.
El ser humano vive en sociedad. Y allí su requerimiento fundamental el de disfrutar de relaciones humanas armónicas. En efecto, todo el mundo sabe muy bien de lo satisfactorio y placentero que es el contar con buenas relaciones humanas y de la tragedia que significa el no tenerlas.
El tan inquietante y comentado "stress" (tensión) en los seres humanos es de manera predominante la consecuencia de experiencias de relaciones humanas insatisfactorias. Esto es, relaciones humanas perturbadas implican una amenaza claramente comprobada de problemas de salud tanto mental como orgánica.
Por otra parte la eficiencia y productividad en empresas e instituciones como las de vigilancia tienen como factor de primera importancia la constitución de equipos de trabajo que tengan buenas relaciones humanas. Porque en ambientes conflictivos y con discordias (antagonismos, resentimientos, desconfianza, etc.) sucede precisamente lo contrario.
De ahí la importancia de una adecuada comunicación con los compañeros de trabajo, la empresa, jefes y sociedad (clientes).

La Asertividad

La Conducta Asertiva

Es la conducta que permite que una persona actúe en base a sus intereses o sus necesidades, expresar cómodamente sentimientos honestos, defenderse sin ansiedad inapropiada o bien ejercer tus propios derechos sin negar los de los demás.

En la práctica SER ASERTIVO es:
Ser capaz de decir "no".
Ser capaz de pedir un favor o petición si así lo requieres.
Ser capaz de expresar tanto los sentimientos positivos como los negativos de manera adecuada.
Ser capaz de comunicarse adecuadamente.
Ser capaz de expresar tu opinión.
Ser capaz de mantener los propios derechos.

Cuando nos comunicamos asertivamente además del lenguaje verbal tenemos que hacer servir adecuadamente una serie de elementos para que el conjunto expresado resulte hábil socialmente:
Contacto de los ojos.
Inflexión y volumen de la voz.
Uso de las manos.
Expresividad del rostro.
Fluidez en el habla.
Postura.
Distancia física.

En general podemos decir que existe una falta de habilidades sociales o asertividad en la conducta humana probablemente por algunas de las siguientes causas:
La comunicación asertiva se bloquea por un exceso de ansiedad condicionada a la situación interpersonal.
El sujeto no ha sido entrenado en habilidades sociales para actuar adecuadamente.
La falta de autoestima o bien confianza en uno mismo genera poca habilidad en el trato interpersonal.
La mayoría de personas poco asertivas tienen en común un tipo de pensamiento rígido, poco flexible, que funciona en términos de blanco o negro que les impiden resolver adecuadamente los problemas que se le presentan.
Tenemos tres estilos de comportamiento frente a cualquier situación interpersonal: Asertivo o hábil socialmente, agresivo y pasivo o no asertivo.

MONITOREO Y SISTEMAS ELECTRONICOS

Integración hombre - electrónica.- El hombre de seguridad constantemente está en contacto con medios electrónicos que son uno de sus apoyos mas efectivos sobre todo en los controles de acceso. Por este motivo es necesario conocer su manejo, los servicios que presta y la forma de operarlos. No por esto necesita convertirse en un técnico de la electrónica porque su función no es esa sino el saber darle el uso y manejo adecuado para que cumpla los fines para los cuales fue construido. Ya se ha dicho que el mejor sistema de seguridad es el integrado por un buen equipo humano, una buena instalación física y unos buenos equipos electrónicos eficientemente operados.

Los sistemas electrónicos brindan mas protección que la simple seguridad de las puertas. Están diseñados para hacer posible el control de acceso de personas y detección de intrusos, en forma efectiva, económica y eficiente. Es muy común encontrar en la portería principal, concentrado el equipo que corresponde al centro de operaciones COPER. En horas laborables el equipo es manejado por operarios, pero los fines de semana generalmente su operación pasa a los vigilantes los cuales deben atender :El conmutador telefónico, el tablero de alarmas, el tablero de control de incendios y la base de radiocomunicaciones. Para atender esta múltiple función, un operador bien entrenado y conocedor de los planes de emergencia debe ser designado para atender los turnos de trabajo.

Zonas de detección.- Las instalaciones de una empresa para su protección generalmente están divididas en las siguientes grande zonas:

- Barrera perimetral
- Areas intermedias
- Muros periféricos
- Areas interiores de edificios.

Las anteriores zonas a su vez pueden dividirse para ejercer un control mas estricto en sectores mas pequeños dependiendo del tamaño de las instalaciones.

Los muros perimétricos pueden estar protegidos por serpentinas de alambre de púas que dificulten su escalamiento; sistemas de rayos infrarrojos; cámaras de televisión ; perros amaestrados ; sistemas de sensores con línea enterrada ; sistema de iluminación protectiva y una buena portería (entre mas porterías haya mas posibilidades hay de que falle este sistema) etc.

En las zonas intermedias pueden protegerse con un buen sistema de iluminación ; circuitos cerrados de televisión o sistemas de sensores solamente para algunos sectores.

Los muros periféricos brindan especial protección a sectores neurálgicos como tesorerías, centros de computo etc. Su protección además de tener un buen sistema de iluminación puede ser reforzada por otros sistemas electrónicos como cámaras de Tv. que adecuadam ente manejadas pueden cumplir satisfactoriamente el objetivo propuesto.

En áreas interiores de edificios u oficinas cuando se requiere proteger objetivos específicos de gran importancia para la compañía son muy útiles los rayos infrarrojos o de microondas que activan una alarma en el panel de control al ser interrumpidos por objetos sólidos como personas, animales etc. Muy útil son también las videocámaras instaladas estratégicamente que gravan las imágenes de las personas que transitan por las zonas protegidas.

Como seleccionar un sistema electrónico.- La selección del sistema debe hacerse con la ayuda de un técnico obedeciendo a las necesidades que tenga la empresa en cuanto a zonas a cubrir, la cobertura en tiempo, los puntos críticos, las amenazas, los riesgos etc.

Sistemas electrónicos de detección con central y monitoreo propio.- Son los operados directamente por personal de la empresa. Tienen la ventaja de que hay una respuesta mas rápida en caso de una emergencia o de la activación una alarma poder constatar el motivo de su activación.

Sistemas con central y monitoreo externo.- La operación del sistema está a cargo de compañías especializadas y al detectar cualquier anomalía informan a la empresa respectiva. Cubren las 24 horas del día y pueden tener como desventaja que en caso que fallen las comunicaciones entre las 2 empresas la respuesta o reacción del personal de vigilancia puede demorarse más.

Sistemas mixtos.- Son los más completos pues el cubrimiento además de ser las 24 horas del día tienen un mejor control y mantenimiento de equipos .de equipos

Dotaciones .- Como todo sistema de seguridad requiere complementarse con la presencia o intervención de personas, es necesario que estas tengan una dotación mínima para cumplir adecuadamente sumisión, así :

Armas.- La clase de arma a utilizar depende de varios factores como : nivel de riesgo, área a cubrir, flujo de personas, si es área rural o urbana etc. Así por ejemplo para el transporte de valores o para un sector rural la mejor arma puede ser una escopeta, mientras que para una portería al interior de un centro comercial es preferible la utilización de un arma corta. No necesariamente todos los vigilantes requieren estar armados, pues dependiendo de la misión que le asignen es mejor tener un bastón de caucho que un arma de fuego. El uso de las armas requiere una completa instrucción en el campo legal y en el campo técnico para su correcto empleo y manejo.

Altoparlantes.- Son de gran utilidad para evacuaciones, control de emergencias, información al público, control del pánico etc.

Monitores.- Hacen parte de los sistemas de control de accesos, detección de intrusos, detección de metales, CCTV etc. Mediante los monitores el operador del sistema puede observar a las personas que están ingresando por las diferentes puertas donde esta instalado un CCTV. Observar si una maleta que pasa por un detector de metales lleva en su interior un arma de fuego.

Panel de alarmas.- Es el tablero donde están instalados los bombillos, sirenas o cualquier otra señal indicativa de que una alarma ha sido activada. Su control esta cargo de la persona encargada del monitoreo del sistema

FALSAS ALARMAS

Es el principal problema o debilidad de la seguridad electrónica. Aplicando algunas recomendaciones puede reducirse estos inconvenientes.
Guías generales :

- Verificar que los equipos no presenten dalo al ser instalados
- Ajustar el nivel de sensibilidad de los detectores
- Evitar instalarlos donde haya fuentes de generación electromagnética
- Los equipos a la intemperie deben protegerse de la humedad.
- Los sensores de movimiento o vibración deben estar instalados en una superficie firma y rígida.
- Revisar las conexiones eléctricas
- Las zonas de detección exterior controlables no deben ser muy extensas
- Los cables deben estar enterrados o llevarse por tubos
- Sensores de perturbación de barrera :
- Los postes deben estar anclados y la malla templada
- La base de la malla asegurada en concreto
- Arboles podados evitando que las ramas golpeen la barrera
- Puertas firmes y aseguradas para evitar que se golpeen

Detectores de microondas :

- Evitar obstáculos visuales entre el emisor y receptor
- Las zonas de detección deben cubrirse
- El pasto cortado a menos de 10 cm
- Los detectores deben estar ubicados a suficiente distancia de la malla para que esta no interfiera con el haz o rayo de microondas

Detectores de infrarrojos :

- El piso debe estar nivelado sin obstrucciones entre los detectores
- El haz de infrarrojos debe estar mínimo a 15 cm. Del piso

Detectores de campo eléctrico :

- Cuando se instalan sobre la malla ésta debe estar templada
- La vegetación que esté debajo del campo eléctrico debe podarse
- Geófonos
- Deben estar enterrados lejos de objetos ancladfos al piso que se puedan mover con el viento
- La tierra removida para luego asegurarlos debe estar bien apisonada

Sensores de línea tensa magnética :

- Ubicar la línea lejos de objetos anclados al suelo
- Evitar las líneas de energía a lo largo de la línea enterrada
- Cuando una línea pase por debajo de líneas de energía debe hacerlo en forma perpendicular

Detectores infrarrojos de movimiento :

- Evitar que los rayos se dirijan hacia fuentes de calor que se estén prendiendo o apagando
- Evitar dirigir los detectores hacia lámparas incandescentes
- No montar los detectores sobre fuentes de calor
- Evitar dirigirlos hacia la ventana por donde penetra el sol

Detectores de movimiento de microondas :

- No instalarlos a menos de 3 metros de lámparas fluorescentes
- No apuntarlos hacia láminas delgadas que pueda moverlas el viento
- Evitar dirigirlos hacia equipos que puedan entrar en movimiento
- Los vehículos pesados afectan el sistema

Detectores de vibración :

- Deben estar bien asegurados
- Ajustarlos para que no se activen con cualquier vibración

Fotoeléctricos :

- Los emisores, receptores y espejos deben estar instalados en superficies libres de vibración
- Evitar usar espejos con detectores a mas de 35 metros

- Ocultarlos para que no sean vistos por el intruso y pueda sabotearlos

De proximidad :

- No utilizar objetos de madera entre el objeto metálico y el plano del piso

Precauciones básicas frente a equipos eléctricos :

- Deben ser reparados por especialistas en la materia para evitar daños mayores
- Detectadas las fallas debe informarse por escrito al encargado para que se proceda a llamar al técnico
- En caso de algún accidente por corriente eléctrica evitar halar al accidentado porque el cuerpo humano es transmisor de la corriente eléctrica. Lo que se debe hacer es cortar el suministro de energía
- Periódicamente debe revisarse el cableado con el fin de detectar a tiempo daños en el mismo
- La mayor parte de los equipos requiere la instalación de un polo a tierra, la labor del vigilante es informar de estas novedades y no de reemplazar al técnico.
- En resumen el procedimiento del hombre de seguridad es informar verbalmente o por escrito a sus superiores con el mayor detalle de las fallas que hay observado en la operación y desempeño de los equipos en forma oportuna.

www.ingramcontent.com/pod-product-compliance
Lightning Source LLC
LaVergne TN
LVHW091025150826
845672LV00006BA/1682

* 9 7 8 9 5 8 5 9 7 6 6 3 4 *